LUDOVICO COSTA

Piccola Impresa, Grande Impatto:
Una Guida Pratica per Attrarre
Clienti Nella Tua Attività Locale

Copyright © 2022 by Ludovico Costa

All rights reserved. No part of this publication may be reproduced, stored or transmitted in any form or by any means, electronic, mechanical, photocopying, recording, scanning, or otherwise without written permission from the publisher. It is illegal to copy this book, post it to a website, or distribute it by any other means without permission.

Ludovico Costa has no responsibility for the persistence or accuracy of URLs for external or third-party Internet Websites referred to in this publication and does not guarantee that any content on such Websites is, or will remain, accurate or appropriate.

First edition

This book was professionally typeset on Reedsy. Find out more at reedsy.com

Contents

Sinossi	v
Introduzione	vi
1 Dizionario essenziale e risorse utili	1
Risorse utili per la tua promozione digitale	4
2 Errori comuni di marketing locale	9
3 Identifica chiaramente il problema che risolvi	15
Come identificare i problemi dei tuoi clienti	16
4 Stabilisci la tua proposta di valore unica (USP)	21
Come identificare la tua USP per focalizzare il tuo business	22
5 Definisci il tuo cliente ideale	27
Come realizzare un profilo del tuo "cliente ideale"	28
6 Tipologie di clienti e come gestirli	32
7 Errori nella gestione dei clienti del negozio	38
8 Valuta i tuoi concorrenti	44
Come identificare i concorrenti della tua attività locale	45
9 Comprendere il percorso dell'acquirente	49
Capire il Funnel di vendita per la tua attività locale	50
10 Usa i social media per generare lead	54
Strumenti e strategie social media per attività locali	55
11 Prova la pubblicità PPC e il retargeting	60

Strategie PPC per attività locali	61
12 Strategie di content marketing per guidare i clienti	66
Come creare contenuti social di qualità per la tua attività locale	68
13 Creare una newsletter o campagne e-mail	71
Come creare una newsletter per la tua attività locale	72
14 Ospitare webinar ed eventi	77
Come creare un evento in negozio per promuovere la tua attività	78
15 Sfruttare gli influencer	83
Come contattare i giusti influencer per promuovere la tua attività	84
16 Ottimizzare per risultati di ricerca locali	89
Come creare un profilo Google My Business per la tua attività locale	91
17 Utilizzare campagne di posta diretta	95
Come portare clienti nel tuo negozio tramite l'invio di messaggi via posta	96
18 Sfruttare la pubblicità stampata	100
Come sfruttare la pubblicità stampata per la tua attività locale	101
Conclusione	105
Contatta l'autore	106

Sinossi

"Piccola impresa, grande impatto: Una Guida Pratica per Attrarre Clienti Nella Tua Attività Locale" è la guida definitiva per le piccole e medie imprese locali che vogliono aumentare le loro vendite. Che tu sia un ristoratore, un parrucchiere o un venditore al dettaglio, questo libro offre consigli pratici e tecniche per commercializzare la tua attività e attirare nuovi clienti. Imparerai a utilizzare strategie di vendita sia tradizionali che digitali, come lo sviluppo di una forte presenza online, la creazione di contenuti accattivanti e la creazione di relazioni con i clienti. Con una guida chiara e consigli pratici, questo libro ti aiuterà a trasformare la tua piccola attività in un grande successo!

Introduzione

Sei un piccolo imprenditore e desideri aumentare la tua base di clienti? Vuoi raggiungere più potenziali clienti nella tua zona? Allora questo libro è per te! Tratteremo le basi della generazione di contatti commerciali locali e come può aiutarti a far crescere la tua attività.

Le piccole imprese hanno bisogno di una solida base di clienti per prosperare. Un modo efficace per aumentare la base di clienti è quello di utilizzare la generazione di contatti commerciali locali. Questa strategia di marketing mira a raggiungere più potenziali clienti nella tua zona, attraverso l'utilizzo di pratiche come la pubblicità online, e-mail marketing e promozioni. Utilizzando queste tecniche, le piccole imprese possono ottenere un maggiore coinvolgimento con i clienti e far crescere la loro attività.

Buona lettura!

1

Dizionario essenziale e risorse utili

1. **Campagna di pubblicità**: un insieme di annunci pubblicitari pianificati e organizzati per raggiungere un obiettivo specifico, come aumentare le vendite o aumentare il traffico sul sito.
2. **Annuncio**: un messaggio pubblicitario che viene visualizzato su una piattaforma digitale, come un sito web o un'app.
3. **Targeting**: il processo di indirizzare gli annunci a un pubblico specifico in base a fattori come età, genere, interessi o posizione geografica.
4. **CPC (Costo per clic)**: il prezzo che si paga ogni volta che un utente fa clic su un annuncio.
5. **CPM (Costo per mille impressioni)**: il prezzo che si paga ogni mille volte che un annuncio viene visualizzato.
6. **CTR (Tasso di clic)**: il numero di clic su un annuncio in rapporto al numero di volte che è stato visualizzato.
7. **Conversioni**: azioni che un utente compie sul sito, come

acquistare un prodotto o compilare un modulo di contatto.
8. **Remarketing**: la visualizzazione di annunci a utenti che hanno già visitato il sito in passato.
9. **Retargeting**: una forma di remarketing che utilizza cookie per tracciare gli utenti che hanno visitato il sito e mostrare loro annunci mirati su altri siti web che visitano.
10. **SEO (Search Engine Optimization):** il processo di ottimizzare un sito per migliorare la sua posizione nei risultati di ricerca di Google.
11. **PPC (Pay-Per-Click):** un modello di pubblicità online in cui gli inserzionisti pagano ogni volta che un utente fa clic su un annuncio.
12. **Funzionalità di estensione dell'annuncio**: elementi aggiuntivi che possono essere inclusi nell'annuncio, come indirizzi o numeri di telefono, per fornire ulteriori informazioni ai potenziali clienti.
13. **Landing page**: una pagina del sito che gli utenti atterrano dopo aver fatto clic su un annuncio.
14. **Remarketing dinamico**: una forma di remarketing che mostra agli utenti annunci personalizzati in base ai prodotti o ai servizi che hanno visualizzato sul sito.
15. **Google Ads**: la piattaforma pubblicitaria di Google che permette agli inserzionisti di creare e pubblicare annunci su Google e sui suoi partner di pubblicità.
16. **Facebook Ads**: la piattaforma pubblicitaria di Facebook che permette agli inserzionisti di creare e pubblicare annunci su Facebook e su Instagram.
17. **Programmatic advertising**: un modello di pubblicità digitale che utilizza l'apprendimento automatico e l'intelligenza artificiale per acquistare spazi pubblicitari in modo automatizzato.

18. **Display advertising**: una forma di pubblicità digitale che utilizza banner o annunci visuali per promuovere prodotti o servizi su siti web o app.
19. **Video advertising**: una forma di pubblicità digitale che utilizza video per promuovere prodotti o servizi su piattaforme come YouTube o Instagram.
20. **Native advertising:** una forma di pubblicità digitale che si integra in modo naturale con il contenuto di un sito web o di un'app, in modo da non disturbare l'esperienza dell'utente.
21. **Google Analytics**: uno strumento gratuito di Google che permette di tracciare le prestazioni del sito e di ottenere informazioni dettagliate sui visitatori.
22. **Google Tag Manager**: uno strumento gratuito di Google che permette di gestire i tag del sito senza dover modificare il codice del sito.
23. **Google My Business**: uno strumento gratuito di Google che permette alle aziende di gestire la loro presenza online su Google, inclusi i risultati di ricerca locali e Google Maps.
24. **Google Search Console**: uno strumento gratuito di Google che permette di monitorare e gestire la presenza del sito nei risultati di ricerca di Google.
25. **Google AdSense**: un programma di Google che permette ai proprietari di siti web di guadagnare denaro mostrando annunci pubblicitari sul loro sito.
26. **A/B testing**: il processo di confrontare due versioni di un annuncio o di una landing page per vedere quale funziona meglio.
27. **Funnel di conversione**: il processo che un utente segue per convertire, ovvero compiere un'azione desiderata (come acquistare un prodotto o compilare un modulo di

contatto).

28. **Churn rate**: la percentuale di clienti che lasciano o annullano un servizio o un prodotto in un determinato periodo di tempo.
29. **Customer acquisition cost (CAC)**: il costo sostenuto per acquisire un nuovo cliente.
30. **Lifetime value (LTV):** il valore totale che un cliente genera durante il suo ciclo di vita con un'azienda.
31. **Google Display Network**: una rete di siti web e app che mostrano annunci pubblicitari di Google.
32. **Google Shopping**: un servizio di Google che permette alle aziende di mostrare i loro prodotti nei risultati di ricerca di Google e sulla Google Shopping.
33. **Google Maps**: un servizio di Google che fornisce mappe interattive e indicazioni stradali.

* * *

Risorse utili per la tua promozione digitale

- **Google Analytics**: uno strumento gratuito di Google che fornisce informazioni dettagliate sulla performance del sito web, come il traffico, le conversioni e i tassi di rimbalzo.
- **Google Search Console**: uno strumento gratuito di Google che fornisce informazioni sull'indicizzazione del sito web e sulla presenza di eventuali problemi tecnici.
- **Hootsuite**: uno strumento a pagamento che consente di gestire e pianificare i post sui social media in modo efficiente.

- **Mailchimp**: uno strumento di email marketing a pagamento che consente di creare, inviare e monitorare campagne di email.
- **Canva**: uno strumento a pagamento per la creazione di grafiche professionali per il marketing digitale.

Ecco i link a questi strumenti:

- Google Analytics: Analytics Tools & Solutions for Your Business - Google Analytics
- Google Search Console: Google Search Console
- Hootsuite: Home
- Mailchimp: Marketing smarts for big ideas | Mailchimp
- Canva: https://www.canva.com/

- **SEMrush**: uno strumento a pagamento che offre una vasta gamma di funzionalità per il digital marketing, come l'analisi delle parole chiave, la ricerca di backlink e l'analisi della concorrenza.
- **Ahrefs**: uno strumento a pagamento per l'analisi delle parole chiave, la ricerca di backlink e l'analisi della concorrenza.
- **Buffer**: uno strumento a pagamento per la pianificazione e la gestione dei post sui social media.
- **Crazy Egg**: uno strumento a pagamento che fornisce informazioni dettagliate sull'utilizzo del sito web, come

dove gli utenti cliccano e quanto tempo trascorrono sulla pagina.
- **Hotjar**: uno strumento a pagamento che fornisce informazioni dettagliate sull'utilizzo del sito web, come il comportamento delle visite e il feedback dei visitatori.

Ecco i link a questi strumenti:

- SEMrush: Semrush - Online Marketing Can Be Easy
- Ahrefs: Ahrefs - SEO Tools & Resources To Grow Your Search Traffic
- Buffer: Buffer: All-you-need social media toolkit for small businesses
- Crazy Egg: Crazy Egg Website — Optimization | Heatmaps, Recordings, Surveys & A/B Testing
- Hotjar: Hotjar: Website Heatmaps & Behavior Analytics Tools

- **Google Ads**: uno strumento di pubblicità a pagamento di Google che consente di creare e gestire campagne pubblicitarie sulla Rete di Ricerca di Google e sulla Rete Display di Google.
- **Facebook Ads**: uno strumento di pubblicità a pagamento di Facebook che consente di creare e gestire campagne pubblicitarie sulla piattaforma di Facebook e su Instagram.
- **LinkedIn Ads**: uno strumento di pubblicità a pagamento

di LinkedIn che consente di creare e gestire campagne pubblicitarie sulla piattaforma di LinkedIn.
- **Twitter Ads**: uno strumento di pubblicità a pagamento di Twitter che consente di creare e gestire campagne pubblicitarie sulla piattaforma di Twitter.
- **YouTube Ads**: uno strumento di pubblicità a pagamento di Google che consente di creare e gestire campagne pubblicitarie sulla piattaforma di video sharing di YouTube.

Ecco i link a questi strumenti:

- Google Ads: Get More Customers & Generate Leads with Online Ads
- Facebook Ads: Log into Facebook
- LinkedIn Ads: LinkedIn Ads: Targeted Self-Service Ads | LinkedIn Ads
- Twitter Ads: Sign in
- YouTube Ads: Online Video Advertising Campaigns - YouTube Advertisin

- **Google Tag Manager**: uno strumento gratuito di Google che consente di gestire i tag del sito web senza dover modificare il codice del sito.
- **Moz**: uno strumento a pagamento che offre una vasta gamma di funzionalità per il digital marketing, come l'analisi delle parole chiave, la ricerca di backlink e l'ot-

timizzazione delle pagine per i motori di ricerca.
- **Adobe Creative Cloud**: una suite di strumenti a pagamento per la creazione di contenuti digitali, come immagini, video e design.
- **Unbounce**: uno strumento a pagamento per la creazione di landing page di alta qualità e per l'ottimizzazione delle conversioni.
- **Google My Business:** uno strumento gratuito di Google che consente di gestire la presenza online delle attività locali su Google Maps e sulla Ricerca Google.

Ecco i link a questi strumenti:

- Google Tag Manager: Google Analytics
- Moz: SEO Software for Smarter Marketing
- Adobe Creative Cloud: Adobe Creative Cloud | Details and products | Adobe
- Unbounce: Unbounce - The Landing Page Builder & Platform
- Google My Business: Google Business Profile - Get Listed on Google

2

Errori comuni di marketing locale

Una valida strategia di marketing per la tua attività locale è fondamentale per il successo a lungo termine. In molti casi, il successo di un'attività dipende dalla capacità di raggiungere e attirare i clienti. Purtroppo, ci sono errori comuni che possono avere un effetto negativo sui tuoi sforzi di marketing. In questo post esploreremo i peggiori errori di marketing commerciale locale che dovresti evitare per avere successo e prosperare.

Che tu sia una startup o un'azienda consolidata, ci sono alcuni approcci di marketing che possono essere controproducenti e portare a una diminuzione dei clienti e delle vendite. Questi errori possono andare da tattiche obsolete, a un'inefficace allocazione del budget, fino al mancato aggiornamento sulle ultime tendenze del marketing. Nel seguente post esamineremo gli errori più comuni che le imprese locali commettono nei loro sforzi di marketing, oltre a consigli su come evitarli e assicurarti di raggiungere efficacemente il tuo pubblico di riferimento.

1. Non avere un sito web

> Non avere un sito web è uno degli errori più comuni ed evitabili che le imprese locali commettono.

Avere un sito web è essenziale per consentire ai clienti e ai potenziali clienti di trovare informazioni sulla tua attività, sui tuoi prodotti e sui tuoi servizi. Un sito web permette inoltre ai clienti di trovare facilmente informazioni di contatto, orari di lavoro e altre informazioni importanti. La mancanza di un sito web può rendere difficile per i clienti trovarti e potrebbe costarti un'attività commerciale. Inoltre, i clienti sono più propensi a fidarsi delle aziende che hanno un sito web, in quanto dimostrano professionalità e affidabilità.

2. Ignorare il marketing mobile

> Il mobile marketing è uno strumento potente per raggiungere i potenziali clienti del tuo mercato locale.

È molto di più che assicurarsi che il tuo sito web abbia un bell'aspetto su un dispositivo mobile; include l'ottimizzazione del sito web per le ricerche locali, la creazione di annunci mirati agli utenti mobili della zona e l'utilizzo di funzionalità mobile-first come le notifiche push e i servizi di geolocalizzazione. Ignorare il marketing mobile significa lasciare inutilizzata una grossa fetta della popolazione locale. Assicurati di investire nel marketing mobile per ottenere la massima portata e visibilità nel tuo mercato locale.

3. Non tracciare le analisi

> Senza analisi è quasi impossibile sapere quanto siano efficaci le tue campagne di marketing o identificare le aree di miglioramento.

Non tracciare le analisi rende anche difficile determinare il ROI dei tuoi sforzi di marketing. Inoltre, senza analisi è difficile identificare e indirizzare il tuo cliente ideale. Il monitoraggio delle analisi è una parte essenziale della gestione di un'attività locale di successo e ti farà risparmiare tempo e denaro nel lungo periodo.

4. Non utilizzare i social media

> I social media sono uno strumento incredibilmente potente per le aziende locali che vogliono raggiungere nuovi clienti e costruire relazioni con quelli esistenti.

È un ottimo modo per aumentare la visibilità del marchio e costruire una comunità intorno alla tua attività. Se non hai una presenza attiva sui social media, stai perdendo preziose opportunità di coinvolgere i potenziali clienti e di rimanere in cima alla loro mente quando cercano i prodotti o i servizi che offri.

5. Non ottimizza la ricerca locale

> Le aziende locali devono prestare attenzione all'ottimizzazione locale per i motori di ricerca (SEO) se vogliono essere trovate in una ricerca sul web.

I tempi in cui ci si affidava al passaparola e alla pubblicità sui giornali sono finiti. I consumatori si rivolgono sempre di più alle ricerche online per trovare le aziende locali e se non stai ottimizzando la SEO locale, sarai sepolto sotto i tuoi concorrenti. La SEO locale aiuta a garantire che la tua attività venga visualizzata quando i clienti effettuano ricerche per termini rilevanti. Questo include fattori come la presenza dell'indirizzo locale e del numero di telefono sul tuo sito web, oltre a garantire che Google e gli altri motori di ricerca lo trovino. Senza l'ottimizzazione per la ricerca locale, stai perdendo un'opportunità di marketing fondamentale.

6. Non concentrarsi sul servizio clienti

> Il servizio clienti è una parte fondamentale di qualsiasi attività di successo, ma è particolarmente importante per le imprese locali.

Quando i clienti entrano, sia fisicamente che virtualmente, vogliono essere trattati come clienti stimati e non come un'altra transazione. Quando le aziende non offrono un servizio di assistenza ai clienti, questo si riflette negativamente sull'organizzazione e può persino portare i clienti a lasciare recensioni negative sui social media o su altri siti di recensioni. Le aziende dovrebbero investire nel servizio clienti formando il personale sulle migliori pratiche, rispondendo alle richieste dei clienti in modo tempestivo e offrendo sconti e promozioni per farli tornare. Quando il servizio clienti viene trascurato, può portare rapidamente a una diminuzione degli affari e delle entrate.

7. Non utilizzare le recensioni

> Il numero sette della lista dei peggiori errori di marketing commerciale locale è quello di non utilizzare le recensioni.

Anche se le recensioni possono non sembrare una parte importante della tua strategia di marketing, possono essere incredibilmente utili. Le recensioni forniscono ai potenziali clienti informazioni preziose che possono aiutarli a decidere se acquistare o meno da te. Non solo, ma le recensioni forniscono anche la prova sociale che la tua attività è legittima e affidabile. Se non hai recensioni, i potenziali clienti potrebbero scegliere più facilmente un concorrente le cui recensioni sono visibili pubblicamente. Assicurati di investire nella raccolta di recensioni da parte dei tuoi clienti e di mostrarle in evidenza sul tuo sito web, sui social media e su altri annunci commerciali.

8. Non avere un messaggio coerente con il marchio

> Avere un messaggio di marca incoerente può essere uno dei peggiori errori di marketing commerciale locale che un'azienda possa commettere.

I clienti possono essere confusi e non sapere cosa pensare quando si trovano di fronte a messaggi diversi nei vari canali. Un'azienda dovrebbe avere un messaggio di marca coerente che viene utilizzato in tutto il suo materiale di marketing, che sia attraverso i social media, il testo del sito web, le campagne e-mail, le brochure o altro materiale di marketing. Senza un messaggio coerente, i clienti non saranno in grado di riconoscere il marchio dell'azienda e potrebbero essere meno propensi a diventare clienti.

In conclusione, evitare i peggiori errori di marketing commerciale locale è fondamentale per ottenere il massimo da qualsiasi campagna di marketing. Con il giusto piano e la giusta esecuzione, le aziende possono assicurarsi che i loro sforzi di marketing locale siano efficaci e di successo. Seguendo i consigli descritti in questo articolo, le aziende possono assicurarsi che le loro campagne di marketing locale abbiano il massimo successo possibile ed evitare gli errori più comuni che potrebbero costare loro tempo, denaro e clienti.

3

Identifica chiaramente il problema che risolvi

Le piccole imprese locali spesso lottano con la generazione di lead. Può essere difficile identificare e indirizzare i clienti giusti, soprattutto quando le risorse sono limitate. Tuttavia, la generazione di contatti è una parte fondamentale della crescita di qualsiasi attività commerciale.

> *Per aiutare le imprese locali ad avere successo, è importante identificare il problema che risolvi in relazione alla lead generation.*

Una volta comprese le sfide del cliente, puoi sviluppare contenuti di leadership di pensiero che dimostrino di avere una chiara comprensione dei suoi problemi e delle sue esigenze e di avere una soluzione da offrire. Questo tipo di contenuto avrà maggiori probabilità di attirarli come clienti.

Un altro fattore importante nella generazione di lead è la dimensione del mercato. Mentre i grandi marchi possono concentrarsi sull'attirare molte persone in grandi aree, le piccole imprese spesso hanno più fortuna concentrandosi sui contatti locali. Prendendo di mira i lead locali, puoi assicurarti che i lead che attiri abbiano buone possibilità di diventare clienti.

Infine, è importante concentrarsi sui canali che hanno già dimostrato di generare lead. Ciò potrebbe includere cose come l'e-mail marketing, il content marketing, il social media marketing e persino la pubblicità tradizionale.
Concentrandoti sui canali che hanno già dimostrato di funzionare, puoi risparmiare tempo e denaro.

***

Come identificare i problemi dei tuoi clienti

Una strategia di marketing efficace è essenziale per il successo di qualsiasi azienda. Può aiutarti a raggiungere i potenziali clienti, ad aumentare le vendite e persino a fidelizzare i clienti esistenti. Tuttavia, per assicurarti che la tua strategia di marketing sia efficace, devi conoscere i problemi dei tuoi clienti. In questo modo potrai adattare la tua strategia di marketing per soddisfare le loro esigenze e risolvere i loro problemi. In questa sezione parleremo di come capire i problemi dei clienti nel marketing e di come questo possa aiutarti a creare una strategia di marketing di successo. Analizzeremo l'importanza di fare ricerche sulla tua base di clienti, di capire le loro esigenze e i loro punti dolenti e di come incorporare queste conoscenze nella tua strategia di marketing. Analizzeremo anche come misurare il successo della tua strategia e come modificarla per continuare a soddisfare le esigenze dei tuoi clienti e aumentare il successo della tua attività.

1. Raccogliere il feedback dei clienti

Quando raccogli i feedback dei tuoi clienti, puoi ottenere preziose informazioni sui loro pensieri e sulle loro sensazioni riguardo ai tuoi prodotti e servizi.

Questo può aiutarti a identificare rapidamente le aree di miglioramento della tua strategia di marketing, oppure puoi usare il feedback per creare nuove strategie di successo. Esistono diversi strumenti di feedback dei clienti che puoi utilizzare, come ad esempio i moduli di indagine e recensione, i questionari e i forum di feedback dei clienti. Utilizzare gli strumenti di feedback dei clienti può aiutarti a comprendere meglio i tuoi lead e le loro esigenze, in modo da poter creare un piano di marketing più efficace.

2. Analizzare i dati dei clienti

Il secondo passo per capire i problemi dei tuoi clienti è analizzare i dati che hai a disposizione.

Ciò significa esaminare gli acquisti passati dei clienti, i feedback, i sondaggi e qualsiasi altro dato sui clienti di cui disponi. Dovresti anche analizzare i dati demografici della tua clientela, come il sesso, l'età, l'ubicazione e altre caratteristiche. Grazie a questi dati, puoi determinare quali sono i problemi dei tuoi clienti e quali soluzioni stanno cercando. Grazie alla comprensione di questi dati, potrai prendere decisioni più informate su come servire meglio i tuoi clienti.

3. Svolgere sondaggi

> I sondaggi sono un modo efficace per capire i problemi e le esigenze dei tuoi clienti.

Ti permettono di ottenere informazioni preziose sui sentimenti e sulle percezioni dei tuoi clienti riguardo al tuo prodotto o servizio, nonché sulla loro esperienza complessiva.

I sondaggi possono essere condotti tramite e-mail, social media o di persona. Puoi anche utilizzare strumenti di indagine come SurveyMonkey per creare e gestire le indagini. Assicurati di porre domande pertinenti al tuo prodotto o servizio e pensate per ottenere le informazioni più utili.

4. Osservare il comportamento dei clienti

> Uno dei modi più efficaci per capire i tuoi clienti e i loro problemi è osservare il loro comportamento. Presta attenzione al modo in cui interagiscono con il tuo prodotto o servizio, a quali caratteristiche cercano, a dove si bloccano e a cosa li rende soddisfatti.

Puoi osservare i clienti di persona o anche utilizzare strumenti digitali come software di analisi o mappe di calore per monitorare come utilizzano il tuo sito web o la tua applicazione. Dedicare del tempo all'osservazione del comportamento dei clienti può aiutarti a capire le loro esigenze, ad anticipare le loro domande e a sviluppare soluzioni per loro.

5. Ascoltare i reclami dei clienti

> Ascoltare i reclami dei tuoi clienti è uno dei passi più importanti per capire i loro problemi. Infatti, i reclami dei clienti forniscono preziose informazioni sui problemi che stanno affrontando, che a loro volta possono aiutarti ad adattare il tuo approccio di marketing in modo che sia più adatto alle loro esigenze.

Quando ascolti i reclami dei clienti, cerca di individuare i temi ricorrenti o i punti chiave che vengono espressi. Questo ti aiuterà a identificare i problemi principali dei tuoi clienti, in modo da poter creare soluzioni adatte alle loro esigenze. Inoltre, ascoltare attivamente i reclami dei clienti può contribuire a migliorare la loro soddisfazione nei confronti della tua azienda, perché vedranno che ti preoccupi dei loro problemi.

In conclusione, capire i problemi dei tuoi clienti è essenziale per il successo dei tuoi sforzi di marketing. Dedicando del tempo alla ricerca del tuo pubblico di riferimento, ascoltando i suoi feedback e comprendendo le sue esigenze, puoi creare soluzioni di marketing efficaci e significative che favoriscano il coinvolgimento e la fidelizzazione dei clienti. Con un po' di impegno e dedizione, puoi sviluppare una strategia di marketing di successo e redditizia, a vantaggio tuo e del tuo pubblico.

4

Stabilisci la tua proposta di valore unica (USP)

Le aziende locali devono stabilire la loro proposta di valore unica per generare lead. Una proposta di valore è una dichiarazione che aiuta a identificare i vantaggi offerti dalla tua azienda rispetto ai concorrenti ed è essenziale per le aziende distinguersi in un mercato affollato.

> *La chiave per una proposta di valore di successo è concentrarsi su ciò che rende la tua attività unica e preziosa.*

Pensa al problema che stai risolvendo per i tuoi clienti e a come puoi dimostrare il valore del tuo prodotto o servizio. Assicurati che la tua proposta di valore sia chiara e concisa, in modo che i potenziali clienti possano capire facilmente perché la tua azienda dovrebbe essere scelta rispetto ad altre.

Una volta stabilita la tua proposta di valore unica, è importante comunicarla in modo efficace. Questo può essere fatto attraverso il marketing online, come contenuti di siti Web e post sui social media, o attraverso tecniche di marketing tradizionali come volantini e affissioni. Dovresti anche assicurarti che la tua proposta di valore sia visibile su tutti i tuoi materiali di marketing, in modo che i potenziali clienti possano vederla rapidamente e facilmente.

Stabilendo una proposta di valore forte e comunicandola in modo efficace, sarai in grado di generare più lead per la tua attività locale. I clienti saranno più propensi a scegliere la tua attività se capiscono perché è l'opzione migliore, quindi assicurati di dedicare del tempo all'identificazione della tua proposta di valore unica e di far sapere ai potenziali clienti perché dovrebbero sceglierti.

***

Come identificare la tua USP per focalizzare il tuo business

Avere un Unique Selling Point (USP) è essenziale nell'affollato mercato commerciale di oggi. È ciò che differenzierà la tua azienda dalla concorrenza e creerà un'impressione duratura nella mente dei potenziali clienti. È anche una parte fondamentale della tua strategia di marketing complessiva. Se non hai una USP chiaramente identificata, rischi di essere dimenticato nel rumore della concorrenza.

Quindi, come puoi identificare la tua USP e assicurarti che sia focalizzata sulla tua attività, invece di perdersi nella confusione? In questa sezione esploreremo l'importanza di avere una USP e come puoi identificare la tua USP per focalizzare la tua attività.

1. Valuta le tue capacità e i tuoi punti di forza

Valutare le tue capacità e i tuoi punti di forza è il primo passo per identificare la tua USP e focalizzare la tua attività.

Prima di stabilire cosa ti distingue dalla concorrenza, devi capire in cosa sei bravo e quali qualità uniche possiedi. Chiediti quali sono le competenze e le qualità che ti aiutano a distinguerti nel settore che hai scelto. Può trattarsi di competenze in un settore di nicchia, di capacità di entrare in contatto con i clienti o di un approccio creativo alla risoluzione dei problemi. Prenditi qualche minuto per annotare le tue risposte e assicurati di aggiungere ogni nuova idea che ti viene in mente. Una volta fatto questo, sei pronto per passare alla fase successiva.

2. Analizza i tuoi concorrenti

Una volta individuato il mercato di riferimento e le caratteristiche principali del tuo prodotto o servizio, è importante analizzare i tuoi concorrenti.

Prenditi il tempo necessario per imparare il più possibile su ciascuno di loro: i loro prodotti, i loro prezzi e i loro mercati di riferimento. In questo modo potrai individuare le differenze tra il tuo prodotto o servizio e il loro e quindi identificare la tua USP. Puoi anche utilizzare questa analisi per fare un benchmark dei prezzi e delle caratteristiche e capire cosa distingue la tua offerta dalla concorrenza e come capitalizzarla.

3. Determina cosa ti distingue dai tuoi concorrenti

> Il terzo passo per identificare la tua USP è determinare cosa ti distingue dalla concorrenza.

Analizza i prodotti, i servizi e le strategie di marketing dei tuoi concorrenti. Osserva i prezzi, il servizio clienti, i sistemi di consegna, la pubblicità e la promozione, il design e qualsiasi altra caratteristica che li distingua. Identifica i punti di forza e di debolezza che puoi utilizzare per differenziarti. Analizza i tuoi prodotti, i tuoi servizi e le tue strategie di marketing e confrontali con quelli dei tuoi concorrenti. Individua le caratteristiche che ti rendono unico, come servizi speciali o valore aggiunto. Infine, cerca il modo di capitalizzare queste caratteristiche ed enfatizzarle nelle tue iniziative di marketing e pubblicità.

4. Individua il valore che fornisci

> Una volta individuato ciò che rende unica la tua attività, è importante identificare il valore che fornisci. Cosa offri che i tuoi concorrenti non offrono?

Può essere utile chiedersi in che modo il tuo prodotto o servizio rende la vita del cliente più facile o migliore. Quali vantaggi traggono dall'utilizzo del tuo prodotto o servizio? Offri una qualità superiore, una consegna più rapida o qualcos'altro che dia ai clienti un motivo convincente per scegliere te? Capire il valore che offri è essenziale per sviluppare un marchio forte e posizionarti come leader nel tuo settore.

5. Affina la tua USP per concentrarti sul tuo pubblico di riferimento.

Una volta identificata la tua USP e i vantaggi che offre, il passo successivo è quello di perfezionarla per concentrarla sul tuo pubblico di riferimento.

Ciò significa che devi adattare la tua USP alle esigenze e ai desideri specifici del tuo pubblico. Dovresti anche pensare di differenziarti dalla concorrenza concentrandoti su ciò che rende unico il tuo prodotto o servizio.

In conclusione, avere una proposta di vendita unica può aiutarti a distinguerti dalla concorrenza e ad attirare più clienti. Identificare e concentrarsi sulla propria USP dovrebbe essere una parte fondamentale di ogni strategia aziendale. Comprendendo le esigenze dei tuoi clienti, puoi creare una USP che risuoni con loro e che garantisca alla tua azienda di rimanere un passo avanti rispetto alla concorrenza. Con la giusta USP, puoi assicurarti che la tua azienda si distingua e rimanga in testa alla classifica.

5

Definisci il tuo cliente ideale

La lead generation per le imprese locali inizia con la definizione del tuo cliente ideale. Sapere chi stai cercando di raggiungere ti aiuterà a creare campagne mirate che attireranno le persone giuste verso la tua attività.

> *Per definire il tuo cliente ideale, devi considerare la sua età, istruzione, occupazione o attività, reddito e qualsiasi altro fattore che ti aiuterà a creare contenuti che risuonino con loro.*

Dopo aver stabilito chi è il tuo cliente tipo, puoi iniziare a creare strategie di lead generation su misura per lui. Ciò potrebbe includere la creazione di contenuti che facciano appello ai loro interessi, il lancio di campagne sui social media e la creazione di elenchi di posta elettronica.

* * *

Come realizzare un profilo del tuo "cliente ideale"

Quando si tratta di marketing e sviluppo di prodotti, la comprensione del pubblico di riferimento è essenziale per il successo. Uno strumento efficace per aiutarti a comprendere meglio il tuo pubblico di riferimento è la creazione di una User Persona, nota anche come Client Persona o Buyer Persona. Una User Persona è una rappresentazione semi-fantastica del tuo cliente ideale basata su ricerche qualitative e quantitative sui clienti. Dovrebbe includere informazioni demografiche, sullo stile di vita e sui comportamenti tipici del tuo cliente ideale. Quando sviluppi una User Persona, è importante includere il maggior numero di dettagli possibile in modo che il tuo team possa capire veramente quali sono le esigenze, i desideri e i comportamenti del tuo cliente. Creando una User Persona, puoi assicurarti che i tuoi sforzi di marketing e di sviluppo del prodotto siano adeguati alle esigenze del tuo pubblico di riferimento. In questa sezione, illustreremo i passaggi chiave per definire la tua User Persona e come può aiutarti a capire meglio il tuo cliente ideale.

1. Identificare e ricercare il mercato di riferimento

Il primo passo per definire il tuo User Persona è identificare e ricercare il tuo mercato di riferimento. Identificare il mercato di riferimento significa conoscere chi sono i tuoi clienti, quali sono le loro esigenze, come pensano e quali sono i loro interessi.

Dovresti dedicare del tempo a creare un'immagine chiara e dettagliata del tuo cliente ideale. È importante comprendere a fondo chi è il tuo pubblico, dove si trova e quali sono i suoi dati demografici. Per effettuare una ricerca adeguata sul tuo mercato target, puoi utilizzare diversi metodi come sondaggi, interviste, ricerche di mercato e analisi dei dati. Una volta raccolti i dati, puoi iniziare a creare la tua User Persona.

2. Assegnazione dei dati demografici e psicografici

> Dopo aver creato un elenco di caratteristiche che compongono il tuo cliente ideale, è il momento di assegnargli i dati demografici e psicografici.

I dati demografici sono le informazioni concrete sul tuo utente, come l'età, il sesso, il reddito e la posizione geografica. I dati psicografici sono i valori, le convinzioni e gli interessi del cliente. Questo tipo di dati ti aiuta a capire meglio lo stile di vita del tuo cliente ideale e a sviluppare un'esperienza più personalizzata. Puoi raccogliere queste informazioni facendo un sondaggio ai clienti o analizzando il loro comportamento online. L'assegnazione di questi dati ti aiuterà a creare una User Persona dettagliata e accurata che potrai utilizzare per guidare i tuoi sforzi di marketing e di sviluppo dei prodotti.

3. Individuare i punti dolenti

> Dopo aver identificato il tuo target demografico, il passo successivo consiste nell'individuare i suoi punti dolenti.

Quali sono i problemi che il tuo prodotto o servizio può risolvere per loro? Porre delle domande ai tuoi clienti per capire quali sono i loro problemi ti aiuterà a individuare le criticità che puoi risolvere. Una volta identificati i loro punti dolenti, potrai assicurarti che la tua User Persona (cliente ideale) sia ben definita e potrai creare messaggi di marketing più mirati.

4. Creare una User Persona

> Il quarto passo per definire il tuo User Persona è creare su carta un profilo del cliente tipo.

Un User Persona è una descrizione dettagliata del tuo cliente ideale, basata sui dati raccolti dalla tua ricerca. Deve includere le esigenze, i desideri e il comportamento del cliente. Inoltre, la persona dovrebbe includere anche informazioni demografiche come l'età, il sesso, il reddito, il livello di istruzione, ecc. Avere un'immagine chiara del tuo cliente ideale ti aiuterà a creare contenuti mirati e strategie di marketing che si adattano alle sue esigenze e ai suoi interessi.

Per concludere, la comprensione della personalità dell'utente è essenziale per il successo della tua attività. Identificando e ricercando il tuo cliente ideale, puoi ottenere una visione preziosa dei suoi desideri e delle sue esigenze, consentendoti di creare prodotti e servizi che soddisfino le sue aspettative. Inoltre, la comprensione del tuo User Persona può aiutarti a indirizzare e segmentare meglio le campagne di marketing per ottenere la massima efficienza ed efficacia. Dedicare del tempo alla definizione del tuo utente tipo può aiutarti a creare un'attività di successo e redditizia.

6

Tipologie di clienti e come gestirli

Per un'azienda o un'organizzazione, gestire diversi tipi di clienti può fare la differenza tra il successo e il fallimento. I clienti sono di tutte le forme e dimensioni, con personalità e preferenze uniche. Può essere una sfida capire esattamente come gestirli, ma con le giuste strategie è possibile creare un rapporto armonioso che porti benefici sia al cliente che all'azienda. In questo post daremo un'occhiata ai diversi tipi di clienti, a come identificarli e ad alcuni consigli per gestirli in modo efficace. Comprendendo le esigenze dei diversi clienti, le aziende possono servire meglio la loro base di clienti e migliorarne la soddisfazione.

1. Clienti fedeli

> Sono i clienti che tornano più volte ad acquistare i tuoi prodotti o servizi e sono preziosi per il successo della tua azienda.

Per gestire efficacemente i clienti fedeli, devi innanzitutto comprendere il loro valore e riconoscere l'importanza di costruire un rapporto con loro. Offri incentivi come sconti, premi fedeltà o offerte esclusive per incoraggiare gli acquisti ripetuti e assicurati di riconoscerli con messaggi personalizzati o note di ringraziamento. Dovresti anche rimanere in contatto con questi clienti per essere sempre aggiornato sulle loro esigenze e preferenze. Infine, prendi in considerazione l'idea di offrire programmi di fidelizzazione per tenerli impegnati e premiarli per la loro fedeltà.

2. Clienti scettici

> I clienti scettici possono essere il tipo di cliente più difficile da gestire.

Spesso sono sospettosi della qualità del tuo prodotto o servizio e possono essere difficili da accontentare. La chiave per gestire i clienti scettici è fornire loro i fatti e lasciare che giungano alle loro conclusioni. Assicurati di fornire informazioni dettagliate sui tuoi prodotti e servizi e armati dei dati necessari per sostenere tutte le tue affermazioni. Inoltre, assicurati di ascoltare le loro preoccupazioni e di rispondere a tutte le loro domande. I clienti scettici devono sentire che i loro dubbi e le loro preoccupazioni vengono presi sul serio e che le loro esigenze vengono soddisfatte.

3. Clienti sensibili al prezzo

> I clienti sensibili al prezzo sono quelli che confrontano i prezzi e i prodotti di diverse aziende prima di effettuare un acquisto.

Non amano pagare di più per qualcosa che può essere ottenuto a un prezzo inferiore. Per gestire questi clienti, devi essere in grado di spiegare perché il tuo prodotto è più conveniente di quello che possono trovare altrove. È anche importante avere prezzi competitivi e offrire sconti o altri incentivi. Inoltre, informare il cliente sulle caratteristiche e sui vantaggi del tuo prodotto può aiutarlo a capire il valore del tuo prodotto e a decidere di acquistarlo.

4. Clienti insoddisfatti

> I clienti insoddisfatti sono clienti che hanno sperimentato un prodotto o un servizio che non ha soddisfatto le loro aspettative.

Ciò può essere causato da un'ampia gamma di problemi, come ordini errati, informazioni errate sui prodotti, un servizio clienti scadente o un prodotto o un servizio semplicemente non all'altezza delle aspettative del cliente. È importante identificare questi clienti in modo da poter prendere rapidamente provvedimenti per correggere la situazione. I clienti insoddisfatti devono essere contattati rapidamente per scusarsi e comprendere le loro preoccupazioni. Cerca subito di risolvere il problema e assicurati che il cliente sia soddisfatto. Se il cliente non è ancora soddisfatto, offrigli un rimborso o un prodotto o servizio gratuito come gesto di scuse. Questo può aiutare a garantire che il cliente abbia comunque un'esperienza positiva con la tua azienda.

5. Nuovi clienti

> I nuovi clienti sono la linfa vitale di ogni azienda.

Sono le persone che stanno scoprendo il tuo marchio e i tuoi prodotti e possono rappresentare un grande potenziale per la tua attività. È importante che le aziende trattino i nuovi clienti con lo stesso rispetto e dedizione dei clienti più consolidati. Ad esempio, offrire offerte speciali e sconti, creare un processo di inserimento accogliente e pensare a modi creativi per mostrare il proprio apprezzamento per il primo acquisto può contribuire molto a coltivare la fedeltà al marchio. Anche il servizio clienti è fondamentale nella gestione dei nuovi clienti. Essere disponibili a rispondere a tutte le domande, essere proattivi nella risoluzione dei problemi e offrire soluzioni personalizzate può contribuire a creare un'esperienza positiva con il tuo marchio.

6. Clienti continuo

> La sesta tipologia di cliente di cui vogliamo parlare è il cliente continuo. Questo tipo di cliente è l'opposto dell'acquirente unico.

Tende a fare acquisti piccoli e regolari per un certo periodo di tempo. Questi clienti sono ottimi per le aziende perché sanno di potersi fidare del prodotto o del servizio e sono disposti ad acquistarlo di nuovo. Inoltre, se hanno avuto un'esperienza positiva con la tua azienda, è più probabile che acquistino più di un articolo. La chiave per gestire questi clienti è assicurarsi che abbiano un'esperienza positiva ad ogni acquisto e che ricevano un buon servizio clienti. Inoltre, offrire occasionalmente sconti e programmi di fidelizzazione può premiare i clienti per la loro fedeltà e farli tornare.

7. Clienti abituali

> I clienti abituali sono quelli che hanno già acquistato da te in passato e che probabilmente torneranno.

Questi clienti hanno un valore inestimabile, in quanto non solo portano guadagni ma creano anche un senso di fedeltà al tuo marchio. Per far sì che questi clienti tornino, devi fornire un servizio clienti eccellente, assicurarti che la loro esperienza d'acquisto sia semplice e offrire loro offerte personalizzate in base alle loro preferenze. Inoltre, puoi utilizzare i sondaggi tra i clienti per ottenere un feedback sulla loro esperienza e utilizzarlo per migliorare i tuoi prodotti e servizi.

8. Clienti impulsivi

> I clienti impulsivi sono quelli che agiscono in base ai loro capricci e non considerano le conseguenze delle loro azioni.

È probabile che comprino qualcosa d'impulso o che annullino un acquisto all'ultimo minuto. Per gestire questi clienti, è importante fornire loro un modo semplice per cambiare idea e annullare l'acquisto, se lo desiderano. Inoltre, fornire informazioni chiare e facilmente accessibili sul prodotto o sul servizio può aiutarli a prendere decisioni più informate. Inoltre, cerca di creare un senso di urgenza quando gli presenti un'opportunità d'acquisto, in quanto ciò può contribuire a renderli più propensi a seguirla.

In conclusione, anche se i diversi tipi di clienti hanno esigenze diverse, è importante ricordare che sono tutti preziosi e vanno trattati con rispetto. La chiave per gestire diversi tipi di clienti è capire le loro esigenze e motivazioni e adattare il servizio di conseguenza. Fornendo un servizio clienti di qualità, puoi assicurarti che tutti i clienti abbiano un'esperienza positiva e continuino a essere fedeli alla tua azienda.

7

Errori nella gestione dei clienti del negozio

Quando si tratta di gestire i clienti in un negozio, è fondamentale garantire che l'esperienza del cliente sia della massima qualità. Per questo è importante assicurarsi che non ci siano errori nella gestione dei clienti. Gli errori nella gestione dei clienti possono essere dannosi per qualsiasi attività commerciale, causando recensioni negative, insoddisfazione dei clienti e, in ultima analisi, perdite di fatturato. In questo post esploreremo alcuni degli errori più comuni nella gestione dei clienti e come le aziende possono evitarli. Inoltre, vedremo come i proprietari dei negozi possono gestire al meglio i loro clienti, creando un'esperienza positiva che li porterà a essere soddisfatti e a ripetere l'attività. Infine, offriremo alcune best practice che possono essere utilizzate per garantire ai clienti la migliore esperienza possibile quando visitano un negozio. Prendendo il tempo necessario per comprendere i rischi degli errori di gestione dei clienti e come evitarli, le aziende possono assicurarsi che i loro clienti abbiano un'esperienza positiva e che la loro attività rimanga redditizia.

1. Trascurare il feedback dei clienti

> Uno degli errori più comuni nella gestione dei clienti di un negozio è quello di trascurare il feedback dei clienti.

Ad esempio, non si chiede ai clienti un feedback dopo l'acquisto, non si risponde tempestivamente ai reclami o alle richieste dei clienti o non si ascolta il loro feedback quando viene proposto. Non ascoltare i feedback dei clienti può portare a una mancanza di soddisfazione nei confronti del prodotto o del servizio e, in ultima analisi, i clienti saranno meno propensi ad acquistare dal negozio. È importante ascoltare i feedback dei clienti e affrontare tempestivamente qualsiasi problema o critica per creare un'esperienza positiva per i clienti.

2. Non riesce a personalizzare il servizio

> Uno dei più grandi errori che un negozio può commettere nella gestione dei propri clienti è quello di non personalizzare il servizio.

Le persone hanno esigenze e aspettative diverse, e soddisfare le loro esigenze individuali è essenziale per offrire una buona esperienza al cliente. Se un negozio non adatta il proprio servizio a ogni cliente, può causare incomprensioni, delusioni e un'impressione complessivamente negativa del negozio. La personalizzazione del servizio implica la comprensione delle esigenze del singolo cliente e la ricerca di modi per soddisfarle.

Ciò potrebbe includere l'offerta di ordini personalizzati, sconti su misura e consigli su misura.

3. Non fornire un servizio clienti adeguato

> Fornire un servizio clienti adeguato è una parte essenziale per gestire con successo i clienti di un negozio.

Quando i clienti non ricevono assistenza in modo tempestivo o non ricevono risposte soddisfacenti alle loro domande, si crea un ambiente sfavorevole per i clienti che, in ultima analisi, non tornano più. Inoltre, un servizio clienti inadeguato può danneggiare la reputazione del negozio e impedire ai potenziali clienti di considerarlo un'opzione. Per questo motivo, è importante assicurarsi che i clienti ricevano un servizio clienti di qualità che risponda alle loro esigenze.

4. Non comprendere le esigenze del cliente

> Uno degli errori più comuni nella gestione dei clienti di un negozio è quello di non capire le loro esigenze. È importante prendersi il tempo necessario per capire le esigenze e le preferenze del cliente prima di offrirgli consigli o soluzioni.

Non prendersi il tempo necessario per fare domande e ascoltare le esigenze del cliente può causare frustrazione e scarsa comunicazione. Inoltre, la mancata comprensione delle esigenze del cliente può portare il negozio a fornire soluzioni sbagliate, con la conseguenza che il cliente si sente come se le sue esigenze non fossero state prese in considerazione. Imparare a conoscere meglio le esigenze dei clienti può aiutare il negozio a fornire un servizio migliore, a garantire la soddisfazione dei clienti e ad aumentare le vendite e la fedeltà.

5. Non essere proattivi nel risolvere i problemi

> Non essere proattivi nel risolvere i problemi dei clienti è un grave errore nella gestione dei clienti di un negozio. I clienti devono essere accolti con un atteggiamento di risoluzione dei problemi e non solo con un tentativo passivo di placarli.

Ad esempio, quando un cliente ha un reclamo su un prodotto, deve essere affrontato con prontezza e attenzione. Se il cliente chiede un rimborso, il responsabile del negozio deve essere disposto a indagare sulla questione e a trovare una soluzione accettabile. In questo modo si dimostra ai clienti che i loro problemi sono presi sul serio e che il negozio si impegna a fornire un servizio soddisfacente.

6. Non fornire una comunicazione tempestiva

> Uno dei più grandi errori che i gestori dei negozi commettono nella gestione dei clienti è quello di non fornire una comunicazione tempestiva. Se un cliente ha un problema, una domanda o un dubbio, deve ricevere una risposta rapida ed efficiente.

La risposta può essere una telefonata o un'e-mail, a seconda delle preferenze del cliente. Quando i clienti non ricevono una risposta in modo tempestivo, possono sentirsi frustrati e potrebbero rivolgersi altrove. Per far sì che i clienti siano contenti, i gestori dei negozi devono assicurarsi di rispondere in modo tempestivo e accurato alle richieste dei clienti.

7. Non offrire incentivi

> Offrire incentivi ai clienti è una pratica comune in molti negozi, ma spesso può ritorcersi contro.

Quando i clienti ricevono degli incentivi, possono pensare di essere ricompensati solo per la loro fedeltà e questo può renderli meno propensi a diventare clienti abituali. Invece di offrire incentivi, concentrati sull'offrire un servizio clienti eccezionale, in modo che i clienti si sentano apprezzati e stimati. Inoltre, cerca di offrire ai clienti un'esperienza eccellente ogni volta che visitano il tuo negozio e fornisci loro informazioni e consigli utili. In questo modo si sentiranno più a loro agio e saranno più propensi a tornare.

8. Promesse eccessive e mancate realizzazioni

> Uno degli errori più comuni nella gestione dei clienti di un negozio è l'eccesso di promesse e la carenza di prestazioni. Questo accade di solito quando il proprietario di un negozio fa al cliente alcune promesse che non può mantenere.

Ad esempio, può promettere uno sconto su un articolo, ma poi scopre di non averlo in magazzino, oppure può promettere una consegna rapida ma alla fine ci mette qualche giorno in più del previsto. Questo tipo di errori non solo frustra i clienti, ma li porta anche a perdere fiducia nel negozio. È importante che i proprietari dei negozi siano realistici su ciò che possono promettere ai clienti e che si assicurino di mantenerlo.

In conclusione, è importante che le aziende prendano sul serio la gestione dei clienti. Prendendosi il tempo necessario per comprendere le preoccupazioni dei clienti e affrontarle tempestivamente, le aziende possono non solo fidelizzarli, ma anche incrementare i loro profitti. Investendo nel personale del servizio clienti, utilizzando i feedback dei clienti per prendere decisioni e migliorando la comunicazione, le aziende possono assicurarsi di gestire i clienti in modo efficace ed efficiente.

8

Valuta i tuoi concorrenti

Quando si tratta di generazione di contatti commerciali locali, la valutazione dei concorrenti è una parte essenziale del processo. Questo ti aiuta a stare un passo avanti a loro e a capire come puoi differenziarti sul mercato. Pertanto, dovresti sempre guardare agli obiettivi dei tuoi concorrenti, alla soddisfazione dei dipendenti, alla cultura aziendale e alle strategie di marketing, pubblicità e lead generation.

Prendendo il tempo per analizzare questi elementi, puoi capire meglio cosa distingue la tua attività dalla concorrenza. Ad esempio, se i tuoi concorrenti pubblicizzano l'anno in cui sono stati fondati ma la tua attività è stata fondata molto prima, puoi sfruttare questo a tuo vantaggio durante il marketing.

Dovresti anche esaminare le strategie SEO dei tuoi concorrenti. Tieni d'occhio le parole chiave che stanno prendendo di mira e le tecniche che stanno utilizzando per posizionarsi più in alto nelle pagine dei risultati dei motori di ricerca.

La SEO locale (ne parleremo più avanti) è particolarmente importante in quanto ti aiuta ad apparire più in alto nei risultati di ricerca nelle tue aree di servizio locali, quindi assicurati di scegliere come target le parole chiave giuste.

Infine, è importante capire il valore di ciò che offri rispetto a ciò che offrono i tuoi concorrenti. Identifica cosa ti differenzia da loro e in che modo i potenziali clienti possono comprendere il valore dei tuoi servizi. Questo ti aiuterà a creare campagne mirate che attireranno i contatti giusti per la tua attività.

***

Come identificare i concorrenti della tua attività locale

Sei un piccolo imprenditore che vuole anticipare la concorrenza? Identificare i concorrenti della tua attività locale è il primo passo per capire il mercato e rimanere all'avanguardia. Sapere chi sono i tuoi concorrenti può aiutarti a sviluppare una strategia di marketing che sfrutti i tuoi punti di forza e affronti i loro. In questa sezione esploreremo le basi dell'identificazione dei concorrenti della tua attività locale e il valore che queste informazioni possono apportare alla tua azienda. Ti offriremo anche dei consigli su come accedere ai dati dei concorrenti e utilizzare queste informazioni per una strategia aziendale di successo. Che tu sia un nuovo imprenditore o un veterano, questa sezione ti fornirà gli strumenti per aiutarti a stare davanti alla concorrenza.

1. Fai una ricerca sul mercato locale

> Uno dei primi passi per capire il panorama competitivo del tuo mercato locale è fare una ricerca sul mercato locale.

Questo significa dare un'occhiata a ciò che offrono le altre aziende nella tua zona e capire quali sono i prodotti o i servizi con cui dovrai competere. Comprendendo ciò che è disponibile nel tuo mercato locale, potrai posizionarti meglio per conquistare quote di mercato e distinguerti dalla concorrenza. Inoltre, le ricerche sul mercato locale ti permettono di individuare eventuali lacune, che possono essere colmate con le tue offerte uniche.

2. Analizza le offerte e i prezzi della concorrenza

> Dopo aver identificato i concorrenti della tua attività locale, è il momento di analizzare le loro offerte e i loro prezzi.

Questa fase è fondamentale per comprendere l'ambiente competitivo e individuare eventuali lacune nel mercato. Prendi nota dei tipi di servizi e prodotti che i tuoi concorrenti offrono, dei loro prezzi e di eventuali offerte speciali o sconti. Inoltre, analizza eventuali caratteristiche o vantaggi unici che potrebbero avere. Conoscere le offerte, i prezzi e i vantaggi dei tuoi concorrenti ti mette in una posizione migliore per determinare come la tua attività possa competere al meglio nel mercato locale.

3. Valuta il servizio clienti della concorrenza

> Una volta identificati i concorrenti della tua attività locale, prenditi un po' di tempo per valutare il loro servizio clienti.

Osserva il modo in cui interagiscono con i clienti, sia online che di persona. Considera i tempi di risposta, le politiche di assistenza clienti e il livello di soddisfazione generale. Offrono un'esperienza al cliente da cui puoi imparare o che puoi eguagliare o superare? Valutare il servizio clienti dei tuoi concorrenti ti aiuterà a determinare cosa devi fare per rimanere in testa alla concorrenza.

4. Esamina le strategie pubblicitarie e promozionali della concorrenza

> Esaminare le strategie pubblicitarie e promozionali dei tuoi concorrenti è un ottimo modo per comprendere meglio il mercato locale.

Studiando i modi in cui i tuoi concorrenti commercializzano i loro prodotti e servizi, puoi capire cosa funziona e cosa no. Osserva i tipi di annunci pubblicitari, le promozioni e le aree in cui si concentrano i loro sforzi. Queste informazioni possono darti indicazioni preziose su come posizionare al meglio la tua attività nel mercato locale.

5. Monitorare la presenza online e gli account sui social media dei concorrenti

> Monitorare la presenza online dei concorrenti e i loro account sui social media è un ottimo modo per capire meglio cosa stanno facendo e quanto successo hanno.

Questo può aiutarti a identificare le opportunità che potresti aver perso e a modificare la tua strategia di conseguenza. Inoltre, puoi utilizzare gli account dei social media dei tuoi concorrenti per rimanere aggiornato sulle ultime tendenze e sui cambiamenti del settore. Rimanendo informato, potrai sfruttare tutte le nuove opportunità e assicurarti di essere all'avanguardia rispetto alla concorrenza.

In conclusione, identificare i concorrenti della tua attività locale è un passo importante per comprendere il panorama competitivo e sviluppare una strategia commerciale di successo. Facendo ricerche online e di persona, puoi conoscere i prodotti e i servizi dei tuoi concorrenti, i prezzi e molto altro ancora. Sapere chi sono i tuoi concorrenti e cosa offrono ti aiuterà a creare un vantaggio competitivo, a distinguerti sul mercato e ad avere successo.

9

Comprendere il percorso dell'acquirente

La creazione di un'efficace strategia di lead generation per le imprese locali inizia con la comprensione del percorso dell'acquirente. Il viaggio dell'acquirente è il processo che un potenziale cliente attraversa per diventare un cliente effettivo. È importante avere una chiara comprensione di questo viaggio per creare contenuti che risuonino con i potenziali clienti e li incoraggino ad agire.

Il viaggio dell'acquirente inizia con il potenziale cliente che diventa consapevole della tua attività e delle tue offerte.

Puoi aiutarli a prendere coscienza della tua attività creando contenuti che parlino dei loro bisogni e interessi. Ciò potrebbe includere post di blog, video, webinar, case study e altro ancora.

Una volta che il potenziale cliente è a conoscenza della tua attività, inizierà a ricercare le tue offerte e confrontarle con le offerte dei tuoi concorrenti. Durante questa fase di ricerca, puoi fornire contenuti utili che li aiutino a prendere una decisione informata. Ciò potrebbe includere white paper, schede informative, demo di prodotti e altro ancora.

Una volta che il potenziale cliente ha ristretto le proprie opzioni e ha deciso di saperne di più sulla tua offerta, entrerà nella fase di considerazione. In questa fase, puoi fornire informazioni più dettagliate sul tuo prodotto o servizio come informazioni sui prezzi, recensioni dei clienti e altre risorse che li aiutino a prendere una decisione consapevole.

Infine, quando il potenziale cliente è pronto per effettuare un acquisto, entrerà nella fase decisionale. Durante questa fase, puoi fornire contenuti che li incoraggino ad agire come sconti, promozioni, prove gratuite e altro.

* * *

Capire il Funnel di vendita per la tua attività locale

In quanto proprietari di un'attività locale, è importante capire il Funnel di vendita (imbuto) e come può influire sui tuoi profitti. Il Funnel di vendita, noto anche come customer journey, è la serie di passaggi che un cliente compie dal primo accesso al sito fino a diventare un cliente pagante. È importante capire questo percorso per ottimizzare al meglio l'esperienza del cliente e aumentare le vendite.

Una comprensione completa del Funnel di vendita può aiutarti a identificare le aree in cui l'esperienza del cliente deve essere migliorata, oltre a rivelare le opportunità per aumentare il coinvolgimento dei clienti e le vendite. Analizzando il percorso del cliente, puoi ottenere preziose informazioni sul suo comportamento, sulle sue preferenze e sulle sue abitudini di acquisto. In questa sezione, tratteremo gli elementi essenziali del Funnel di vendita e come utilizzarlo per far crescere la tua attività locale.

1. Identificare il percorso del cliente

L'identificazione del customer journey inizia con la comprensione dei diversi punti di contatto che i potenziali clienti hanno con la tua azienda.

Una mappa del percorso del cliente è uno strumento importante che ti aiuta a identificare questi punti di contatto e a capire il processo che i clienti affrontano per diventare clienti fedeli. La mappa dovrebbe includere una linea temporale che delinea il percorso del cliente dal primo contatto con la tua azienda fino all'acquisto. Dovrebbe anche includere dettagli sulle motivazioni e le esigenze del cliente, oltre ai punti di contatto con la tua azienda, come le interazioni sui social media, le e-mail, le visite al sito web e altro ancora. Queste informazioni possono aiutarti a identificare i punti in cui i clienti potrebbero perdere terreno durante il percorso, consentendoti di apportare le modifiche necessarie e di ottimizzare l'esperienza del cliente.

2. Strategie per ottimizzare ogni fase del funnel

Per massimizzare l'efficacia del tuo "imbuto di vendita", è importante capire e ottimizzare ogni fase. Le fasi del Funnel sono quattro: Consapevolezza, Interesse, Decisione e Azione. Ecco alcune strategie che puoi utilizzare per ottimizzare ogni fase.

- **Consapevolezza**: Utilizza una pubblicità mirata per assicurarti che il tuo messaggio raggiunga il pubblico giusto. Utilizza diversi mezzi di comunicazione, come radio, televisione, stampa e social media, per diffondere il tuo messaggio.
- **Interesse**: Usa il content marketing per creare una relazione tra te e il tuo pubblico. Assicurati che i tuoi contenuti siano coinvolgenti e rilevanti.
- **Decisione**: Offri incentivi o sconti per invogliare i tuoi clienti a fare un acquisto.
- **Azione**: Assicurati che il processo di acquisto sia semplice e senza intoppi per i clienti. Fornisci diverse opzioni di pagamento e assicurati che il processo sia sicuro.

3. Tracciare e analizzare le prestazioni del Funnel

> Man mano che avanzi nel funnel di vendita, è importante monitorare e analizzare le prestazioni di ogni fase.

Questo ti aiuterà a identificare le aree di miglioramento e a regolare il funnel di conseguenza. Puoi monitorare le prestazioni del funnel con diversi strumenti, tra cui analisi, mappe di calore e sondaggi. Con le analisi, puoi misurare l'efficacia delle tue campagne di marketing determinando quanti visitatori si convertono in clienti e lead. Le mappe di calore ti aiutano a capire quali sono le parti del tuo sito web o della tua landing page su cui le persone fanno clic, mentre i sondaggi ti forniscono un prezioso feedback sui clienti. Raccogliendo questi dati e analizzandoli, puoi apportare modifiche al tuo funnel per migliorarne le prestazioni e massimizzare i risultati.

In conclusione, la comprensione del funnel di vendita per la tua attività locale è una parte essenziale del successo. Conoscere le fasi del funnel di vendita e sapere come creare contenuti efficaci per ogni fase può aiutarti a creare una potente strategia di marketing per la tua attività che ti aiuterà ad attirare più clienti e ad aumentare le vendite. Dedicando del tempo alla ricerca e alla comprensione del tuo pubblico di riferimento, puoi creare dei contenuti che rispondano alle sue esigenze e che lo portino ad attraversare il funnel di vendita, dalla consapevolezza all'acquisto.

10

Usa i social media per generare lead

Le aziende locali possono utilizzare i social media per generare lead e costruire relazioni con il loro mercato di riferimento. Creando contenuti accattivanti e lead magnet, le aziende possono attirare potenziali clienti sul proprio sito Web, consentendo loro di acquisire le informazioni di contatto e iniziare il processo di vendita.

Creare una presenza sui social media è un ottimo modo per le aziende di creare fiducia e interagire con il proprio pubblico. Le aziende dovrebbero concentrarsi sulla creazione di contenuti che siano preziosi per il loro mercato di riferimento e che forniscano informazioni e approfondimenti utili. Inoltre, le aziende dovrebbero pubblicare frequentemente ed essere coerenti nel loro messaggio.

Le aziende dovrebbero anche considerare di offrire lead magnet che possono essere condivisi sui social media, come white paper, e-book o altri contenuti che possono essere utilizzati per acquisire informazioni di contatto. Una volta che gli utenti hanno accettato di ricevere il lead magnet, le aziende possono seguirli tramite e-mail o altri canali per coltivare la relazione.

Inoltre, le aziende possono creare annunci sui social media per generare lead. Gli annunci sono un ottimo modo per raggiungere un gran numero di persone in modo rapido ed efficiente e consentono alle aziende di rivolgersi a un pubblico specifico in base a interessi, dati demografici o altri criteri. Gli annunci possono anche includere inviti all'azione che indirizzano gli utenti a una pagina di destinazione o altra pagina Web in cui possono inviare le proprie informazioni di contatto.

I social media offrono inoltre alle aziende l'opportunità di interagire con il proprio pubblico di destinazione in modi che non sembrano eccessivamente promozionali. Pubblicare video, condurre webinar o partecipare a ritrovi online sono tutti ottimi modi per le aziende

* * *

Strumenti e strategie social media per attività locali

Negli ultimi anni i social media sono diventati uno strumento sempre più importante per le aziende, indipendentemente dalle dimensioni. Sono un ottimo modo per raggiungere nuovi clienti, rimanere in contatto con quelli esistenti e promuovere la tua attività o i tuoi

prodotti. Tuttavia, può essere difficile capire quali siano gli strumenti di social media più adatti agli obiettivi e alle esigenze di un'azienda locale. In questa sezione esploreremo come scegliere gli strumenti migliori per la tua attività locale e come sfruttarli al meglio. Parleremo di come creare una strategia di social media per la tua attività locale, di come scegliere le piattaforme giuste per la tua attività e dei consigli per ottenere il massimo da ogni piattaforma. Con gli strumenti giusti per i social media, la tua attività locale può raggiungere potenziali clienti, favorire le relazioni e costruire la tua reputazione.

1. Utilizza i gruppi di Facebook

Uno degli strumenti di social media più potenti per le aziende locali è l'utilizzo dei gruppi di Facebook.

I gruppi di Facebook creano un senso di comunità all'interno dell'azienda e permettono ai clienti di entrare in contatto tra loro. I gruppi sono anche ottimi per creare relazioni con i clienti, condividere aggiornamenti, offerte speciali e molto altro. Inoltre, sono facili da gestire e puoi indirizzare i tuoi messaggi a un pubblico specifico grazie alle impostazioni sulla privacy del gruppo. Creare un gruppo Facebook per la tua attività è un ottimo modo per coltivare le relazioni e aumentare la tua portata.

2. Sfrutta gli hashtag di Twitter o Instagram

> Gli hashtag di Twitter sono un ottimo strumento per le aziende locali che vogliono aumentare la loro portata e visibilità.

Gli hashtag ti permettono di categorizzare e organizzare i tweet, rendendo più facile per gli utenti trovare i contenuti che stanno cercando. Gli hashtag rappresentano anche un ottimo modo per partecipare alle conversazioni su argomenti rilevanti per la tua attività. Inoltre, sfruttando gli hashtag più popolari relativi alla tua attività, puoi ottenere maggiore visibilità e raggiungere un pubblico più vasto. Assicurati di fare una ricerca sugli hashtag più popolari relativi al tuo settore o alla tua area locale prima di iniziare.

3. Incorporare le Storie di Instagram

> Le storie di Instagram sono un modo eccellente per le aziende locali di coinvolgere i propri clienti e promuovere i propri prodotti e servizi.

Inserendo le Storie di Instagram nel proprio sito web o blog, le aziende possono mostrare le loro ultime offerte e fornire uno sguardo aggiornato su ciò che accade nel loro negozio. Questo può essere un ottimo modo per tenere informati i clienti e attirarne di nuovi. Le Storie di Instagram possono essere facilmente incorporate utilizzando una serie di strumenti e plugin disponibili, come EmbedStories e StoryPals. Inoltre, le aziende possono sfruttare l'API di Instagram per pubblicare in modo programmatico le storie sul proprio sito web.

4. Utilizza YouTube per i contenuti video

> YouTube è un potente strumento per le aziende locali che vogliono raggiungere un vasto pubblico.

Grazie a YouTube, puoi creare contenuti video che mettono in mostra i tuoi prodotti, i tuoi servizi o il messaggio del tuo marchio. YouTube ti permette anche di indirizzare gli spettatori in luoghi specifici, il che significa che puoi personalizzare i contenuti per raggiungere il tuo pubblico locale. Inoltre, le analisi di YouTube ti permettono di capire in che modo gli spettatori interagiscono con i tuoi video, consentendoti di perfezionare e ottimizzare i tuoi contenuti nel tempo. Grazie alle sue potenti funzionalità di targeting e alle sue analisi, YouTube può essere un ottimo strumento per le aziende locali che vogliono raggiungere un pubblico più ampio.

5. Crea una pagina aziendale locale su LinkedIn

> Creare una pagina aziendale locale su LinkedIn è un ottimo modo per le aziende locali di utilizzare efficacemente la piattaforma per promuovere i propri prodotti o servizi e connettersi con potenziali clienti.

Creando una pagina aziendale locale, puoi mostrare la tua attività e le sue offerte, pubblicare aggiornamenti e annunci di lavoro e costruire relazioni con potenziali clienti. Inoltre, utilizzando i filtri di ricerca di LinkedIn, puoi rivolgerti alle persone di una determinata località e assicurarti che il tuo messaggio raggiunga il pubblico giusto. Questo è un ottimo modo per ottenere un maggior numero di contatti locali e un maggior coinvolgimento.

In sintesi, esiste un'ampia gamma di strumenti per i social media che aiutano le imprese locali a incrementare la loro presenza online. Dalla programmazione dei post al monitoraggio del coinvolgimento, questi strumenti possono aiutare le imprese locali a raggiungere nuovi clienti, a costruire relazioni significative con i clienti attuali e ad aumentare la loro visibilità complessiva. I social media possono essere uno strumento efficace e potente per le imprese locali e, con le giuste risorse, le imprese possono avere successo nei loro sforzi di marketing online.

11

Prova la pubblicità PPC e il retargeting

Stai cercando un modo efficace per generare più lead per la tua attività locale? La pubblicità e il retargeting pay-per-click (PPC) sono due degli strumenti più potenti che puoi utilizzare per raggiungere nuovi clienti e aumentare le tue vendite.

Utilizzando PPC, puoi indirizzare potenziali clienti che cercano attivamente prodotti e servizi come i tuoi. Creando annunci pertinenti alla loro ricerca, puoi indirizzare rapidamente più traffico al tuo sito Web e aumentare la generazione di lead.

Il retargeting è un altro modo efficace per raggiungere potenziali clienti e generare conversioni. Tracciando i visitatori del tuo sito web, puoi creare annunci che ricordino loro il loro interesse per la tua attività e li incoraggino a fare il passo successivo.

Sia il PPC che il retargeting possono essere utilizzati per indirizzare i clienti in una posizione specifica, ideale per le imprese locali. Puoi creare annunci incentrati su una particolare città, stato o regione, assicurandoti che solo le persone nell'area possano vederli.

Se usati insieme, PPC e retargeting possono essere strumenti incredibilmente efficaci per generare lead e aumentare le conversioni. Con la giusta strategia in atto, puoi raggiungere rapidamente nuovi clienti, indirizzare più traffico verso il tuo sito Web e aumentare il successo della tua attività.

* * *

Strategie PPC per attività locali

Il marketing pay-per-click (PPC) è uno strumento potente per le aziende locali di qualsiasi dimensione. È un modo efficace per raggiungere potenziali clienti e generare conversioni e può essere adattato a qualsiasi budget. Portando traffico mirato e pertinente a un sito web, le imprese locali possono aumentare in modo rapido e semplice la visibilità, i contatti e le vendite. In questa sezione analizzeremo i vantaggi del marketing PPC per le aziende locali, i diversi tipi di campagne PPC che possono essere utilizzate e i fattori da considerare quando si costruisce una strategia PPC locale. Con il giusto approccio, le imprese locali possono massimizzare l'impatto delle loro campagne PPC e ottenere rapidamente dei risultati. Con le giuste conoscenze e tattiche, qualsiasi azienda locale può massimizzare le proprie campagne PPC e ottenere il massimo dal proprio budget.

1. Opzioni mirate per le imprese locali

Le aziende locali hanno spesso esigenze particolari quando si tratta di campagne PPC. Per rispondere a queste esigenze, è importante avere a disposizione opzioni mirate per le aziende locali. Grazie a queste opzioni, le aziende possono scegliere di indirizzare le loro campagne a persone che si trovano in una specifica posizione geografica, come una città o un codice postale. In questo modo è possibile ottenere un targeting più preciso, che può portare a un maggior numero di contatti e a un migliore ROI. Inoltre, le aziende locali possono rivolgersi anche a persone interessate a prodotti o servizi specifici nella loro zona, in modo da massimizzare l'efficacia delle loro campagne.

2. Strategie per ottimizzare le campagne locali

> Le campagne locali sono un ottimo modo per rivolgersi ai potenziali clienti della tua zona. Quando si crea una campagna locale, è importante ottimizzarla per ottenere i migliori risultati.

Ecco alcune strategie per ottimizzare le campagne locali:

1. Includi la località nel testo dell'annuncio. In questo modo l'annuncio sarà più pertinente e avrà maggiori probabilità di essere cliccato.
2. Usa parole chiave basate sulla località. In questo modo aumenterai la tua visibilità per i potenziali clienti che cercano aziende nell'area locale.

3. Utilizza il targeting del pubblico. Indirizza i tuoi annunci a persone che vivono o lavorano nella zona, o anche a persone in visita. In questo modo ti assicurerai che i tuoi annunci vengano visti dalle persone giuste.

Ottimizzando le tue campagne locali, puoi assicurarti che i tuoi annunci siano visti dalle persone giuste e che ottengano i risultati che cerchi.

3. Impostazione delle campagne locali per garantirne il successo

> Una volta individuato il pubblico di riferimento per le tue campagne locali, dovrai assicurarne il successo impostandole correttamente.

Inizia con la ricerca delle migliori parole chiave relative alla tua attività locale e utilizza queste parole chiave per creare gruppi di annunci e inserzioni pertinenti al tuo pubblico di riferimento. Dovresti anche utilizzare il targeting per località per assicurarti che i tuoi annunci siano visti solo dai tuoi clienti locali. Infine, assicurati di monitorare le prestazioni delle tue campagne locali per capire cosa funziona e cosa no. Impostando correttamente le tue campagne locali, potrai massimizzare il ROI e aumentare le conversioni.

4. Tracciare e misurare le campagne locali

> Il monitoraggio e la misurazione delle campagne locali sono essenziali per il successo del PPC.

Devi capire i risultati della tua campagna se vuoi ottimizzarla per ottenere il massimo ROI. Per monitorare e misurare le tue campagne locali, dovrai impostare strumenti di analisi, come Google Analytics, in grado di misurare accuratamente le prestazioni dei tuoi annunci. Questi strumenti possono aiutarti a identificare le aree in cui potresti spendere troppo o perdere potenziali opportunità. Inoltre, il monitoraggio e la misurazione delle campagne locali ti permettono di individuare rapidamente quali sono le parole chiave, gli annunci e le pagine di destinazione che determinano il maggior numero di conversioni e di entrate per la tua azienda.

5. Adattare le strategie per ottenere il massimo rendimento

> Dopo aver stabilito gli obiettivi e il budget della tua campagna, è il momento di iniziare a ottimizzare le tue campagne per ottenere il massimo rendimento.

È importante rivedere e regolare regolarmente le tue campagne in base alle prestazioni e ai nuovi dati. Dovresti anche assicurarti di testare diversi testi pubblicitari, opzioni di targeting e strategie di offerta per assicurarti di ottenere sempre i migliori risultati possibili. Inoltre, devi rimanere aggiornato su tutte le nuove funzionalità e gli aggiornamenti introdotti da Google Ads. Seguendo questi passaggi, potrai assicurarti che le tue campagne abbiano le migliori possibilità di ottenere il massimo rendimento.

In conclusione, le aziende locali dovrebbero considerare il PPC come una parte valida della loro strategia pubblicitaria. Con un'attenta pianificazione, un'accurata individuazione del target e un'attenta definizione del budget, può essere un modo efficace per raggiungere i potenziali clienti e promuovere le vendite. Se utilizzato in combinazione con altre strategie di marketing digitale, può dare risultati impressionanti. Con il giusto approccio, il PPC può essere uno strumento potente che le aziende locali possono utilizzare per raggiungere i loro obiettivi.

12

Strategie di content marketing per guidare i clienti

Il content marketing è una parte essenziale della generazione di lead per qualsiasi azienda che desideri aumentare la propria base di clienti. Il content marketing aiuta le aziende a connettersi con potenziali clienti, a creare fiducia e, in ultima analisi, a generare lead.

Ecco alcune delle migliori strategie di content marketing per generare lead per la tua attività locale.

1. **Comprendi il tuo pubblico di destinazione**: per indirizzare efficacemente i potenziali clienti e guidare i lead, devi capire chi stai cercando di raggiungere. Cerca le abitudini, gli interessi e le esigenze del tuo cliente ideale per creare contenuti su misura per i suoi interessi specifici.

2. **Creare contenuti di alta qualità**: i contenuti di qualità sono fondamentali quando si tratta di content marketing e lead

generation. La creazione di contenuti interessanti, informativi e coinvolgenti è importante per aumentare il traffico del sito Web e acquisire lead.

3. **Concentrati sulla SEO**: l'ottimizzazione per i motori di ricerca (SEO) è una parte importante del content marketing perché aiuta il tuo sito web ad apparire più in alto nei risultati dei motori di ricerca. Per assicurarti che i tuoi contenuti si posizionino bene sui motori di ricerca, includi parole chiave e frasi pertinenti in tutti i tuoi contenuti.

4. **Utilizza i canali a pagamento**: i canali a pagamento come Google Ads possono aiutarti a indirizzare più traffico verso il tuo sito web e generare più lead. Utilizza i canali a pagamento per campagne e promozioni mirate per raggiungere i potenziali clienti in modo più diretto.

5. **Sfrutta l'email marketing**: l'email marketing è un ottimo modo per raggiungere potenziali clienti e mantenerli coinvolti con la tua attività.

***

Come creare contenuti social di qualità per la tua attività locale

In qualità di imprenditore, è importante utilizzare i social media per raggiungere i tuoi clienti, aumentare la consapevolezza del tuo marchio e distinguerti nel mercato locale. I contenuti social di qualità possono aiutarti a ottenere il massimo dai tuoi sforzi sui social media, quindi è importante sapere come creare contenuti che risuonino con il tuo pubblico di riferimento. In questa sezione parleremo di come creare contenuti social di qualità per la tua attività locale. Parleremo dell'importanza di comprendere il tuo pubblico di riferimento, della differenza tra contenuti organici e a pagamento e delle migliori pratiche per creare contenuti coinvolgenti. Seguendo i consigli descritti in questo post, sarai in grado di creare contenuti per i social media che ti aiuteranno a raggiungere e coinvolgere più clienti nella tua zona.

1. Usa immagini pertinenti

> Quando crei contenuti social di qualità per la tua attività locale, le immagini possono essere una risorsa potente per attirare l'attenzione e coinvolgere il tuo pubblico.

Le immagini pertinenti contribuiranno a rendere i tuoi contenuti più coinvolgenti e memorabili. Prendi in considerazione l'utilizzo di immagini che siano coerenti con l'identità del tuo marchio e con il messaggio che vuoi trasmettere. Puoi anche utilizzare immagini per mostrare i tuoi prodotti e servizi o per evidenziare momenti chiave della storia della tua azienda. Qualunque sia il tipo di immagine scelta, assicurati che sia di alta qualità e pertinente al contenuto.

2. Scrivi didascalie accattivanti

> Quando si tratta di creare contenuti coinvolgenti per la tua attività locale, le didascalie sono importanti quanto le immagini.

Le didascalie possono essere utilizzate per fornire un contesto, aggiungere umorismo e persino raccontare storie. Le didascalie devono essere brevi, concise e accattivanti. Quando crei le didascalie, pensa al pubblico di riferimento e al tipo di linguaggio e tono più appropriato. Non dimenticare di aggiungere hashtag, call-to-action e persino emoji alle tue didascalie.

3. Concentrati sulla costruzione di relazioni

> Creare contenuti social di qualità per la tua attività locale non significa solo creare post e immagini intelligenti.

Si tratta anche di costruire relazioni con la tua comunità locale, compresi i clienti, le aziende e gli influencer. Devi concentrarti sul coinvolgimento delle persone interessate alla tua attività e ai contenuti che condividi. Mostra un interesse genuino per ciò che hanno da dire, sii disposto a rispondere alle loro domande e a offrire consigli utili. Questo ti aiuterà a creare connessioni significative con la tua comunità locale, che a sua volta porterà a relazioni più forti con i clienti.

4. Impegnati regolarmente con i follower

> Creare contenuti per i tuoi canali di social media è un ottimo modo per tenere impegnati i tuoi follower, ma non è sufficiente.

Devi anche impegnarti a rispondere ai commenti e ai messaggi, a fare domande e ad avviare conversazioni con loro. Questo non solo aiuterà a costruire relazioni e fiducia, ma aiuterà anche la tua presenza sui social media a crescere. Assicurati di pianificare il tuo calendario dei contenuti e di mettere da parte del tempo per coinvolgere regolarmente i tuoi follower. Questo può essere semplice come rispondere ai commenti o ospitare una sessione di domande e risposte.

In conclusione, la creazione di contenuti social di qualità per la tua attività locale può essere un ottimo modo per aumentare la consapevolezza del marchio e la visibilità nella tua zona. Ci vuole impegno e la volontà di sperimentare diversi stili e formati di contenuti per trovare il giusto mix che risuoni con il tuo pubblico. Con la giusta strategia, puoi creare contenuti social efficaci che ti aiuteranno a coinvolgere i tuoi clienti locali e a incrementare gli affari.

13

Creare una newsletter o campagne e-mail

Una volta identificato il tuo pubblico di destinazione, è importante creare una mailing list con le persone giuste. Puoi iniziare ricercando potenziali lead e segmentandoli in categorie in base ai loro interessi e dati demografici. Ciò ti aiuterà a creare una campagna e-mail più personalizzata, adattata alle esigenze specifiche di ciascun individuo nell'elenco.

Dopo aver identificato il tuo pubblico di destinazione, è il momento di creare una newsletter o una campagna e-mail. Per garantire il successo, il contenuto dovrebbe essere facile da leggere e coinvolgente. Assicurati che il contenuto sia pertinente per il pubblico, fornisca valore e parli dei loro punti deboli. Inoltre, puoi includere un invito all'azione che incoraggi le persone a fare il passo successivo nel loro viaggio.

Infine, è importante monitorare il rendimento delle tue campagne. Utilizza il software di analisi per monitorare i tassi di apertura, i tassi di clic e altre metriche. Questo ti aiuterà a identificare cosa funziona e cosa no in modo da poter apportare le modifiche di conseguenza. Con la giusta strategia in atto, puoi creare campagne e-mail efficaci che guidano la generazione di lead aziendali locali.

* * *

Come creare una newsletter per la tua attività locale

Come azienda locale, le newsletter possono essere uno strumento efficace per raggiungere il tuo pubblico di riferimento. Le newsletter efficaci possono contribuire ad aumentare il coinvolgimento, mettendo in evidenza i tuoi prodotti o servizi, le promozioni in corso e molto altro ancora. Sono un modo semplice per tenere informati i tuoi clienti e per fidelizzarli alla tua attività. Questa sezione fornisce una panoramica su come creare una newsletter efficace per la tua attività locale. Ti forniremo consigli sulla creazione di contenuti, sulla progettazione di un formato accattivante e su come assicurarti che la tua newsletter raggiunga il pubblico a cui è destinata. Inoltre, parleremo dell'importanza di comprendere il tuo pubblico e di misurare il successo della tua newsletter. Potrai così capire come creare una newsletter di successo per la tua attività locale.

1. Scegliere una piattaforma di mailing list di qualità

> Uno dei passi più importanti per creare una newsletter efficace è la scelta di una piattaforma di mailing list di qualità.

Una buona piattaforma di mailing list dovrebbe fornirti un meccanismo per inviare email in massa, monitorare le aperture, i clic e altre metriche di coinvolgimento, oltre a permetterti di segmentare e personalizzare il tuo pubblico. Con la piattaforma giusta, puoi gestire facilmente le tue liste, creare campagne automatiche e monitorare le tue prestazioni. Cerca una piattaforma che offra funzioni come l'automazione, la segmentazione e l'analisi per assicurarti di ottenere il massimo dalla tua newsletter.

2. Scrivi contenuti coinvolgenti

> Creare contenuti accattivanti e in sintonia con il tuo pubblico di riferimento è la chiave per avere una newsletter efficace.

I contenuti devono essere interessanti, informativi e divertenti, ma anche mettere in evidenza le caratteristiche specifiche, i servizi o i prodotti che offri. I contenuti devono essere scritti con un tono colloquiale e non devono mai essere eccessivamente promozionali. Cerca di concentrarti sull'offerta di valore per i tuoi lettori, come ad esempio suggerimenti e consigli su come utilizzare i tuoi prodotti o servizi, o anche contenuti che mettano in risalto l'area locale e il ruolo della tua azienda al suo interno. Con i giusti contenuti, la tua newsletter sarà un ottimo modo per attirare i clienti e costruire un seguito fedele per la tua attività.

3. Crea un layout accattivante

> Dopo aver deciso i contenuti che vuoi includere nella tua newsletter, è il momento di creare un layout accattivante.

Non aver paura di provare qualcosa di creativo e unico. Usa colori e caratteri vivaci, aggiungi immagini e disponi i contenuti in modo che siano visivamente piacevoli e facili da leggere. Prendi in considerazione l'utilizzo di un modello per facilitare il lavoro, oppure puoi utilizzare uno strumento di progettazione di newsletter per personalizzare il design in base alle tue esigenze. L'obiettivo è quello di creare qualcosa che faccia riflettere le persone e che trasmetta il tuo messaggio principale.

4. Includere immagini pertinenti

> Includere immagini pertinenti nella tua newsletter è essenziale per una comunicazione efficace.

Le immagini possono spezzare lunghe parti di testo, attirare l'attenzione del lettore e contribuire a dare alla tua newsletter un aspetto professionale. Assicurati di includere immagini professionali e di alta qualità che siano pertinenti al contenuto che stai cercando di trasmettere. Le immagini possono aiutarti a spiegare un concetto difficile, aggiungere interesse visivo al layout o semplicemente fornire al lettore una rapida pausa mentale. Assicurati che siano pertinenti e di bell'aspetto.

5. Controlla i risultati e regolati in base alle necessità

Una volta lanciata la newsletter, è importante verificare i risultati e modificarli se necessario.

A tal fine, puoi esaminare il tasso di apertura, il tasso di clic e altre metriche relative al successo della tua newsletter. Potresti anche rivedere il contenuto della tua newsletter per assicurarti che sia ancora pertinente e coinvolgente. In caso contrario, potresti dover modificare il formato, il contenuto o la frequenza delle tue newsletter. Infine, è importante rimanere aggiornati sulle ultime tendenze e tecnologie legate all'email marketing per rimanere al passo con la concorrenza.

In conclusione, creare una newsletter efficace per la tua attività locale richiede pianificazione e impegno, ma i risultati possono essere incredibilmente gratificanti. Una newsletter efficace può aiutare a far conoscere la tua attività, a costruire relazioni con i tuoi clienti e ad aumentare la tua base di clienti. Con i contenuti, il design e le tempistiche giuste, la tua newsletter sarà una risorsa preziosa per la tua attività e una parte importante della tua strategia di marketing.

14

Ospitare webinar ed eventi

L'hosting di webinar ed eventi può essere un ottimo modo per le piccole imprese di generare lead. Interagendo con la loro comunità locale, i proprietari di piccole imprese possono costruire relazioni e fiducia con potenziali clienti. Eventi come webinar, workshop e seminari sono un ottimo modo per presentare la tua attività alle persone e aiutarle a conoscere meglio i prodotti o i servizi che offri.

> *Quando pianifichi il tuo webinar o evento, assicurati di considerare quali argomenti saranno i più coinvolgenti e pertinenti per il tuo pubblico. Potrebbe trattarsi di qualsiasi cosa, da un tutorial pratico sull'utilizzo di uno dei tuoi prodotti, a una sessione di domande e risposte con un esperto del settore.*

È anche importante pianificare in anticipo e promuovere il tuo evento. Assicurati di utilizzare tutti i tuoi canali di social media e materiali di marketing per spargere la voce. Puoi persino creare un sito Web dedicato o una pagina di destinazione per l'evento per fornire informazioni sulla registrazione e altri dettagli.

Infine, assicurati di avere un piano per seguire il lead dopo l'evento. Ciò potrebbe includere l'invio di un sondaggio o di e-mail di follow-up con risorse o offerte aggiuntive. Questo ti aiuterà a misurare il successo del tuo evento, oltre a darti l'opportunità di interagire ulteriormente con i partecipanti.

Ospitando webinar ed eventi relativi alla generazione di lead aziendali locali, i proprietari di piccole imprese possono creare connessioni significative con i loro potenziali clienti e creare fiducia con le loro comunità locali.

***

Come creare un evento in negozio per promuovere la tua attività

Gli imprenditori di successo capiscono l'importanza di entrare in contatto con i loro clienti locali e di creare relazioni che li aiutino a incrementare le vendite. Uno dei modi migliori per farlo è organizzare eventi in negozio. Questi eventi non solo offrono l'opportunità di entrare in contatto con i clienti, ma promuovono e fanno crescere la tua attività e aumentano il coinvolgimento dei clienti. In questa sezione parleremo di come creare un evento in negozio per promuovere la tua attività locale. Tratteremo argomenti come la scelta dell'evento giusto per la tua attività, la creazione di un piano di promozione e l'impostazione di un calendario dell'evento. Con il giusto piano, sarai in grado di creare un evento di successo che aiuterà la tua attività a distinguersi e a raggiungere i clienti della tua zona.

1. Stabilisci un obiettivo e un pubblico target

Prima di creare un evento in-store efficace per la tua attività locale, devi stabilire un obiettivo e un pubblico target.

Cosa vuoi ottenere con il tuo evento? Vuoi attirare più clienti, presentare un nuovo prodotto o far conoscere il tuo marchio? Una volta stabilito l'obiettivo, potrai scegliere il tipo di evento che ti aiuterà a raggiungerlo. Inoltre, devi identificare il tuo pubblico di riferimento. Chi sono e quali sono i loro interessi? Conoscere queste informazioni ti aiuterà a pianificare un evento che li attragga.

2. Identificare un tema

Il secondo passo per creare un evento in negozio per promuovere la tua attività locale è identificare un tema per l'evento.

Questo tema deve essere correlato alla tua attività e deve attirare le persone. Ad esempio, se il tuo negozio è specializzato in articoli per l'outdoor, potresti prendere in considerazione il tema "Avventura nella natura". Questo potrebbe includere una caccia al tesoro, una cabina fotografica con oggetti di scena e premi legati alle attività all'aria aperta. Assicurati che il tema sia divertente e coinvolgente per far sì che il tuo evento si distingua e attiri l'attenzione delle persone.

3. Scegliere una location

> La scelta del luogo giusto per il tuo evento in negozio è fondamentale. Devi scegliere un luogo che sia facilmente accessibile al tuo mercato di riferimento e che abbia spazio sufficiente per il tipo di evento che stai organizzando.

Considera le dimensioni del negozio, la sua disposizione e, soprattutto, il traffico pedonale. Un negozio che si trova in un'area ad alto traffico pedonale è l'ideale, in quanto porterà un maggior numero di potenziali clienti. Inoltre, pensa a quanto sarà visibile il tuo evento dall'esterno del negozio. Se si tratta di un evento su larga scala, potresti prendere in considerazione un luogo all'aperto o una location con un'ampia vetrina.

4. Promuovere l'evento

> Dopo aver pianificato e organizzato il tuo evento in negozio, è il momento di iniziare a promuoverlo.

La promozione è fondamentale per garantire il successo del tuo evento, quindi non lesinare su questa fase!

Ci sono diversi modi per promuovere il tuo evento in negozio. Inizia creando un sito web o una pagina dell'evento su un sito di social network, come Facebook o Twitter. Assicurati di includere i dettagli dell'evento, le indicazioni stradali e le informazioni di contatto. Dovresti anche creare volantini, poster e altri materiali da distribuire nella tua zona. Inoltre, considera la possibilità di inviare comunicati stampa a giornali e radio locali. Infine, utilizza il passaparola per diffondere la notizia del tuo evento. Chiedi ad amici e parenti di aiutarti a promuoverlo e assicurati di parlarne anche ai tuoi clienti.

5. Follow-up dopo l'evento

Dopo che l'evento si è concluso, è importante seguire i partecipanti.

Assicurati di ringraziare tutti i partecipanti e ricorda loro il valore che hanno ricevuto dal tuo evento. Inoltre, includi un sondaggio nelle tue e-mail di follow-up per ottenere un feedback su ciò che è piaciuto, ciò che non è piaciuto e ciò che potrebbe essere migliorato. Questo feedback può essere utilizzato per creare eventi ancora migliori in futuro. Inoltre, considera l'invio di email qualche settimana dopo l'evento per ricordare ai clienti le offerte che hanno ricevuto, come ad esempio gli sconti sui prodotti. In questo modo i clienti torneranno nel tuo negozio e continueranno a sostenere la tua attività locale.

In conclusione, creare un evento in negozio per promuo-

vere la tua attività locale è un modo efficace per generare interesse e attirare nuovi clienti. Puoi utilizzare diverse strategie per creare un evento che catturi l'attenzione dei potenziali clienti, come ad esempio offrire campioni gratuiti di prodotti, sconti ed esperienze interattive. Prendendoti il tempo necessario per pianificare e realizzare un evento in negozio, non solo puoi contribuire a promuovere la tua attività, ma anche a costruire relazioni durature con i clienti.

15

Sfruttare gli influencer

Quando si tratta di generazione di lead aziendali locali, sfruttare gli influencer può essere uno strumento potente. Gli influencer sono figure ben note all'interno di un determinato settore o nicchia e hanno un ampio seguito di persone che si fidano delle loro opinioni e raccomandazioni. Lavorando con influencer, le aziende possono raggiungere e coinvolgere nuovi potenziali contatti, costruire relazioni e aumentare la consapevolezza del marchio.

Per le aziende locali, l'influencer marketing è un modo particolarmente efficace per generare lead. È più probabile che le persone si fidino e rispondano alle raccomandazioni di qualcuno che conoscono e rispettano. Quando un influencer locale condivide il messaggio di un'azienda, è più probabile che i suoi follower si fidino della raccomandazione, visitino il sito Web dell'azienda e alla fine diventino clienti.

Quando si lavora con influencer, le aziende dovrebbero

assicurarsi che i follower degli influencer siano pertinenti per il loro pubblico di destinazione. È anche importante sviluppare un messaggio coinvolgente che risuoni con i potenziali clienti. Inoltre, le aziende dovrebbero creare un invito all'azione efficace che incoraggi i follower a visitare il sito Web dell'azienda o a intraprendere un'azione specifica.

Le aziende locali possono anche sfruttare le relazioni con gli influencer per creare contenuti su misura per il loro pubblico di destinazione. Ad esempio, gli influencer possono creare post di blog o video che forniscono informazioni preziose sui prodotti o servizi dell'azienda o promuovere offerte speciali o sconti. Questo contenuto può essere utilizzato per attirare più contatti e aumentare le vendite. Sfruttando gli influencer legati alla generazione di lead aziendali locali, le aziende possono raggiungere efficacemente nuovi contatti.

* * *

Come contattare i giusti influencer per promuovere la tua attività

Una campagna di influencer marketing efficace può essere un ottimo modo per promuovere la tua attività e far conoscere il tuo nome. Ma come si fa a sapere quali influencer contattare? Il segreto per ottenere il massimo dall'influencer marketing è scegliere gli influencer giusti che siano in linea con il tuo marchio, che siano interessati a ciò che hai da offrire e che abbiano il tipo di seguito che aiuterà la tua attività a raggiungere i suoi obiettivi. In questa sezione parleremo di come contattare gli influencer giusti per promuovere la tua attività e di come assicurarti che le tue relazioni con gli influencer siano reciprocamente vantaggiose. Tratteremo argomenti come la ricerca di influencer, la creazione di proposte efficaci e la costruzione di relazioni significative. Alla fine di questa sezione, dovresti aver capito meglio come trovare e contattare gli influencer più adatti alla tua attività e come sfruttare con successo l'influencer marketing per far crescere il tuo marchio.

1. Identificare gli influencer giusti a cui rivolgersi

Il primo passo per promuovere efficacemente la tua attività con l'influencer marketing è identificare gli influencer giusti a cui rivolgerti.

Dovrai concentrarti su influencer che hanno un seguito ampio e coinvolto, che hanno influenza nel tuo settore e che hanno un rapporto autentico con il loro pubblico. A tal fine, fai una ricerca e analizza i potenziali influencer, segmentandoli in base alle dimensioni del loro pubblico, al settore e al livello di coinvolgimento. Dovresti anche analizzare le loro campagne passate per avere un'idea più precisa del tipo di contenuti che producono. Questo ti aiuterà a individuare gli influencer più adatti a promuovere la tua attività.

2. Ricercare il seguito degli influencer

> Uno dei passi più importanti per trovare gli influencer giusti per promuovere la tua attività è fare una ricerca sui loro seguaci.

Assicurati di esaminare le dimensioni del seguito, il tasso di coinvolgimento e i dati demografici dei seguaci. Conoscere queste informazioni ti darà un'idea dell'efficacia dell'influencer nel trasmettere il tuo messaggio al pubblico giusto. Non vorrai sprecare il tuo tempo e il tuo denaro con un influencer che ha un grande seguito ma un basso tasso di coinvolgimento, o che ha un seguito molto piccolo e nella fascia demografica sbagliata. Fai una ricerca e trova un influencer che abbia le maggiori probabilità di successo nel promuovere la tua attività.

3. Raggiungi gli influencer tramite i social media

> Raggiungere gli influencer attraverso i social media è uno dei modi più efficaci per promuovere la tua attività.

Ti permette di entrare in contatto con gli influencer in modo facile e veloce ed è economicamente vantaggioso. Quando cerchi gli influencer giusti con cui lavorare, concentrati su quelli che hanno un seguito consolidato e una buona reputazione. Osserva i loro contenuti e il loro impegno su diverse piattaforme per capire meglio la loro portata e il loro coinvolgimento. Infine, una volta individuati gli influencer giusti, assicurati di contattarli in modo rispettoso e professionale. Offri loro un incentivo per promuovere la tua attività e assicurati di essere specifico sulle tue aspettative.

4. Assicurati che gli influencer siano adatti alla tua attività.

Quando si tratta di scegliere gli influencer giusti per promuovere la tua attività, è importante fare le dovute verifiche e assicurarsi che siano adatti al tuo marchio.

Assicurati che i valori dell'influencer siano in linea con i tuoi e che il suo pubblico sia quello giusto per il tuo prodotto o servizio. Fai delle ricerche per assicurarti che il pubblico sia coinvolto nei contenuti dell'influencer e che i suoi follower siano sinceramente interessati a ciò che ha da dire. Inoltre, assicurati che l'influencer sia una fonte credibile di cui i suoi follower si fidano e che rispettano.

5. Sviluppa una strategia completa di influencer marketing

Sviluppare una strategia completa di influencer marketing è essenziale quando si cerca di contattare gli influencer giusti per promuovere la propria attività.

Questa strategia deve includere obiettivi, finalità, pubblico target, budget e metodi di misurazione. Gli obiettivi devono includere i risultati desiderati dalla campagna di influencer marketing, come l'aumento della notorietà del marchio o delle vendite. Gli obiettivi devono essere specifici e misurabili, come l'aumento delle vendite del 5% o il raggiungimento di

10.000 nuovi follower. Il pubblico di riferimento deve includere i follower degli influencer e qualsiasi altro pubblico che la tua azienda intende raggiungere. Il budget deve includere il costo delle promozioni degli influencer e qualsiasi altro costo associato alla campagna. Infine, è necessario stabilire dei metodi di misurazione per monitorare le prestazioni della campagna di influencer e il ritorno sull'investimento. Con una strategia completa, potrai contattare gli influencer giusti per promuovere la tua attività e raggiungere gli obiettivi che desideri.

In conclusione, sfruttare l'influenza degli influencer è un modo potente per promuovere la tua attività e raggiungere un pubblico più ampio. È importante ricercare gli influencer che si adattano bene al tuo marchio e stabilire un buon rapporto con gli influencer che scegli. Se fatto bene, l'influencer marketing può essere un ottimo modo per raggiungere potenziali clienti, creare consapevolezza del marchio e incrementare le vendite.

16

Ottimizzare per risultati di ricerca locali

Stai cercando di generare lead dai risultati dei motori di ricerca locali? La SEO locale è la pratica di ottimizzare il tuo sito Web, i contenuti e gli elenchi di terze parti per aumentare la visibilità nei risultati dei motori di ricerca locali. Questo può aiutarti ad attirare più clienti che cercano attivamente i tuoi servizi nella tua zona.

Ottimizzando per la ricerca locale, puoi assicurarti che la tua attività venga visualizzata nel pacchetto di mappe locali, migliorare il posizionamento nei risultati di ricerca locali e ottenere più contatti da potenziali clienti che cercano attività come la tua.

Ecco alcuni suggerimenti per aiutarti a iniziare con la generazione di lead SEO locale:

1. **Crea un profilo Google My Business**: un profilo Google My Business è uno degli elementi più importanti della SEO locale, poiché aiuta i clienti a trovare la tua attività online fornendo informazioni come indirizzo, numero di telefono, orari di apertura e altri dettagli importanti. Creando un profilo, potrai anche aggiungere foto e pubblicare aggiornamenti per tenere informati i clienti.

2. **Ottimizza i contenuti per le parole chiave locali**: assicurati di utilizzare parole chiave pertinenti alla tua attività e alla posizione nei contenuti del tuo sito web. Ciò aiuterà le persone a trovare la tua attività quando cercano termini pertinenti.

3. **Investi nella creazione di link locali**: i backlink di qualità da siti Web affidabili possono aiutarti a migliorare le classifiche locali del tuo sito web. Raggiungi siti web locali e elenchi di directory per creare collegamenti al tuo sito web.

4. **Gestisci le recensioni online**: le recensioni positive possono aiutarti a migliorare il tuo posizionamento.

* * *

Come creare un profilo Google My Business per la tua attività locale

Avere una presenza locale è essenziale per creare un'attività di successo nel 21° secolo. Stabilire una presenza online attraverso un profilo Google My Business (GMB) è un ottimo modo per far sì che i potenziali clienti trovino, si impegnino e conoscano meglio la tua attività. Se fatto correttamente, un profilo GMB può essere un potente strumento per favorire la crescita dell'azienda e migliorare il servizio clienti. In questa sezione, esamineremo tutte le fasi del processo e ti spiegheremo come creare un profilo GMB per la tua attività locale. Ci occuperemo di tutte le nozioni di base, in modo che tu sia pronto a creare e gestire il tuo profilo GMB in pochissimo tempo. Quindi iniziamo!

1. Iscriviti a un account Google My Business

Il primo passo per creare un profilo Google My Business per la tua attività locale è la registrazione di un account Google My Business.

In questo modo avrai accesso alle funzioni e agli strumenti della piattaforma. Per iscriverti, basta andare sul sito web di Google My Business e cliccare su "Iscriviti". Inserisci il nome della tua attività, crea un nome utente e una password e conferma il tuo indirizzo e-mail. Dopodiché sarai pronto per iniziare a creare il tuo profilo.

2. Aggiungi informazioni sulla tua attività al tuo profilo

> Una volta creato il tuo profilo, il passo successivo è quello di aggiungere informazioni sulla tua attività.

Assicurati di includere l'indirizzo, gli orari di apertura, il sito web, le informazioni di contatto e qualsiasi altra informazione rilevante di cui i potenziali clienti potrebbero aver bisogno. È anche importante aggiungere alcune foto della tua attività, come ad esempio immagini della vetrina, dei membri del team e dei prodotti. Questo aiuterà i clienti a capire di cosa si occupa la tua attività e li aiuterà a prendere una decisione informata quando prenderanno in considerazione i tuoi servizi.

3. Aggiungi foto e video della tua attività

> Aggiungere foto e video al tuo profilo Google My Business è un ottimo modo per mostrare la tua azienda e le sue offerte.

Le foto possono aiutare i clienti a farsi un'idea più precisa della tua attività e dei prodotti o servizi che offre, mentre i video possono aiutare a spiegare in modo più dettagliato argomenti più complessi. Assicurati che le foto e i video che carichi siano professionali e di alta qualità, in modo da migliorare l'aspetto generale del tuo profilo. Inoltre, cerca di aggiungere foto e video che siano rilevanti per la tua attività: questo aiuterà i clienti a capire meglio chi sei e cosa fai.

4. Rispondere alle recensioni dei clienti

> Rispondere alle recensioni dei clienti su Google My Business è uno dei modi più efficaci per dimostrare il tuo impegno nell'assistenza ai clienti e creare fiducia con i potenziali lead.

È importante essere proattivi quando si risponde alle recensioni: i potenziali clienti che vedono che rispondi attivamente sia alle recensioni positive che a quelle negative sono più propensi a fidarsi della tua attività. Quando rispondi alle recensioni, devi rispondere con un tono comprensivo e professionale. Se un cliente ha lasciato una recensione negativa, riconosci il suo problema e offrigli il tuo aiuto per risolverlo. Se un cliente ha lasciato una recensione positiva, ringrazialo per il feedback e fagli sapere quanto apprezzi il suo supporto.

5. Monitorare le prestazioni del tuo profilo

> Una volta creato il tuo profilo Google My Business, è importante monitorarne le prestazioni per assicurarti che raggiunga le persone giuste e fornisca le informazioni più efficaci sulla tua attività.

A tal fine, dovrai assicurarti che il tuo profilo sia aggiornato con tutte le informazioni corrette, che sia ottimizzato per il posizionamento sui motori di ricerca e che venga condiviso nei posti giusti. Puoi monitorare le prestazioni del tuo profilo osservando le analisi e le recensioni nel tempo per identificare le aree che necessitano di miglioramenti.

In generale, creare e gestire un profilo Google My Business è un ottimo modo per aiutare i clienti a trovare la tua attività locale online e aumentare la tua visibilità nei risultati dei motori di ricerca. È una parte essenziale della tua strategia SEO locale ed è un passo importante per far crescere il tuo business. Con pochi semplici passaggi, potrai creare un profilo, ottimizzarlo e assistere alla crescita della tua attività locale.

17

Utilizzare campagne di posta diretta

Stai cercando un modo efficace per generare lead per la tua attività locale? Le campagne di direct mail sono un ottimo modo per farlo.

Le campagne di posta diretta possono essere utilizzate per indirizzare i potenziali clienti nella tua zona e suscitare il loro interesse per la tua attività. Puoi utilizzare le campagne di posta diretta per inviare materiale promozionale, come coupon, inviti e volantini. Puoi anche utilizzare le campagne di posta diretta per inviare newsletter o altre informazioni sulla tua attività. Questo può aiutare a educare i potenziali clienti su ciò che offri e perché dovrebbero scegliere la tua attività rispetto alla concorrenza.

Le campagne di direct mail possono essere utilizzate per monitorare l'efficacia della tua strategia di marketing. Puoi misurare il tasso di risposta di ogni campagna e utilizzare questi dati per perfezionare e migliorare le tue tattiche di lead generation. Questo può aiutarti a capire meglio cosa funziona meglio per la tua attività e i tipi di clienti che desideri attirare.

Le campagne di direct mail sono anche convenienti e possono essere adattate al tuo budget. Puoi scegliere il tipo di materiale che vuoi spedire e la quantità di cui hai bisogno. Ciò ti consente di creare una campagna su misura per le tue esigenze aziendali.

Nel complesso, le campagne di direct mail sono un ottimo modo per generare lead per la tua attività locale. Possono aiutarti a raggiungere potenziali clienti nella tua zona e creare un'efficace strategia di lead generation.

* * *

Come portare clienti nel tuo negozio tramite l'invio di messaggi via posta

Per qualsiasi imprenditore, il successo di un negozio dipende dalla presenza di un numero sufficiente di clienti che lo riempiano. Senza clienti, un'attività fallirà rapidamente. Ma come si fa a far entrare i clienti dalla porta? Uno dei metodi più efficaci per portare i clienti in un negozio è utilizzare la posta per inviare messaggi. I messaggi inviati per posta possono essere un ottimo modo per far conoscere un'attività e i suoi prodotti. I messaggi possono anche rappresentare un modo conveniente per aggiornare i clienti su nuovi prodotti, offerte speciali o eventi imminenti. In questa sezione parleremo dei vantaggi dell'invio di messaggi per posta per portare i clienti nel tuo negozio. Ti daremo consigli su come creare il messaggio perfetto e su come ottenere il massimo da una campagna postale. Parleremo anche di come monitorare il successo dei tuoi invii e di come mantenere i clienti coinvolti.

1. Creare un messaggio convincente

Quando si tratta di portare i clienti nel tuo negozio, una delle cose più importanti da tenere a mente è la creazione di un messaggio convincente.

Il tuo messaggio deve essere adatto al tipo di clienti che stai cercando di attirare e deve spiegare chiaramente perché dovrebbero venire nel tuo negozio. Deve essere facile da capire e deve essere abbastanza accattivante da attirare le persone. Inoltre, il messaggio deve spiegare i vantaggi di una visita al tuo negozio, come sconti esclusivi, offerte speciali e altro ancora. Creare un messaggio che sia al tempo stesso memorabile e persuasivo farà sì che più clienti vengano nel tuo negozio.

2. Utilizzare mailing list mirate

Una volta compilato un elenco di potenziali clienti, puoi iniziare a indirizzarli con messaggi personalizzati inviati per posta.

Puoi indirizzare i clienti in base alla loro posizione geografica, ai loro interessi, alle loro abitudini di acquisto e altro ancora. Le mailing list sono facili da ottenere e ti forniscono informazioni dettagliate sui clienti, permettendoti di inviare loro messaggi pertinenti e personalizzati. Utilizzare mailing list mirate è un modo efficace per portare più clienti nel tuo negozio e aumentare le vendite.

3. Misurare il successo delle campagne postali

Dopo aver inviato le cartoline ai tuoi potenziali clienti, vorrai misurare il successo delle tue campagne.

Il modo migliore per farlo è utilizzare un codice di tracciamento unico per ogni singola cartolina inviata. Questo codice può essere incluso in un link che indirizza i clienti a una landing page del tuo sito web, dove possono approfittare di un'offerta speciale. Una volta che i clienti accedono alla pagina di destinazione, puoi misurare il successo della tua campagna vedendo quanti di loro procedono effettivamente all'acquisto. Puoi anche utilizzare gli strumenti di analisi per misurare l'efficacia di ogni messaggio, monitorare il coinvolgimento dei clienti e misurare il ritorno complessivo del tuo investimento.

In conclusione, inviare messaggi ai clienti per posta è un modo efficace per portarli nel tuo negozio. Ti permette di raggiungere un pubblico più ampio che potrebbe non conoscere il tuo store o le sue offerte. Puoi anche personalizzare il tuo messaggio e assicurarti che sia rivolto alle persone giuste. Utilizzando questo metodo, puoi potenzialmente aumentare la notorietà del marchio, attirare più clienti e persino incrementare le vendite. Con la giusta strategia, i messaggi postali possono essere uno strumento potente che può aiutare la tua attività a raggiungere i suoi obiettivi.

18

Sfruttare la pubblicità stampata

La pubblicità stampata può essere un ottimo modo per generare contatti per le imprese locali. Ha il potenziale per raggiungere un vasto pubblico e può essere un modo efficace per comunicare un messaggio e guidare l'azione. Con le potenti opzioni di targeting e dati disponibili nella pubblicità digitale, molte aziende sono riluttanti a investire nella pubblicità stampata, ma funziona ancora e spesso funziona meglio di altre forme di pubblicità.

> *Gli annunci stampati sono particolarmente vantaggiosi per le imprese locali. Possono essere eseguiti per indirizzare in modo efficace le comunità locali e connettersi con il loro pubblico. Poster, banner e annunci sui giornali sono tutte opzioni convenienti per le piccole imprese per amplificare i loro sforzi digitali e raggiungere più lead.*

Per le imprese locali, gli annunci stampati possono essere

utilizzati per indirizzare le persone nella loro zona e diffondere il messaggio sulla loro attività. Gli annunci stampati erano il metodo pubblicitario principale prima dell'avvento della pubblicità digitale e, nonostante i cambiamenti nel settore, rimangono ancora un'importante fonte di entrate.

Sfruttando la pubblicità stampata, le aziende locali possono generare contatti, costruire relazioni con i clienti e aumentare la consapevolezza del marchio. Con la giusta strategia in atto, gli annunci stampati possono essere un ottimo modo per generare lead e far crescere un'attività locale.

* * *

Come sfruttare la pubblicità stampata per la tua attività locale

La pubblicità sulla carta stampata è una strategia di marketing collaudata e di lunga data che le imprese locali possono utilizzare per raggiungere i potenziali clienti. Il marketing su carta stampata offre alle imprese locali un'ampia gamma di opzioni, che vanno dagli annunci su giornali e riviste al materiale promozionale come volantini e brochure. Oltre ad avere accesso a un'ampia gamma di materiali, la pubblicità cartacea offre alle imprese locali una serie di vantaggi, tra cui l'economicità, la portata e la possibilità di personalizzare i messaggi per un pubblico specifico. Se stai cercando un modo per aumentare la visibilità della tua attività locale, sfruttare la pubblicità cartacea può essere un'ottima opzione. In questa sezione parleremo dei passi da compiere per sfruttare la pubblicità cartacea per la tua attività locale, tra cui lo sviluppo di una strategia, la progettazione degli annunci e la valutazione dei risultati. Inoltre, analizzeremo alcuni dei vantaggi della pubblicità cartacea, in modo che tu possa prendere una decisione informata quando si tratta di commercializzare la tua attività.

1. Utilizza giornali e riviste locali

> Sfruttare la pubblicità sulla carta stampata è un ottimo modo per raggiungere un pubblico locale.

I giornali e le riviste locali sono un ottimo modo per rivolgersi a un'area geografica specifica. Mentre i giornali sono molto letti, le riviste tendono ad essere più di nicchia e puoi indirizzarle a un mercato specifico. Puoi anche creare annunci personalizzati in base agli interessi della popolazione locale. Puoi anche personalizzare il tuo annuncio per renderlo più d'impatto e più attraente. Inoltre, gli annunci locali sono più convenienti rispetto ad altre forme di pubblicità, il che li rende un'ottima opzione per le piccole imprese.

2. Utilizza campagne di direct mail mirate

> La pubblicità diretta per corrispondenza è una delle forme di pubblicità più efficaci dal punto di vista dei costi per le aziende locali.

Rivolgendoti a quartieri o gruppi di clienti specifici puoi

ottenere risultati con costi relativamente bassi e sforzi minimi. Le campagne di direct mail possono essere adattate al tuo budget e possono essere utilizzate sia per l'acquisizione di clienti che per i programmi di fidelizzazione. Le campagne di direct mail dovrebbero essere abbinate ad altre forme di marketing, come la pubblicità online, le campagne e-mail e persino le campagne sui social media. Se fatte correttamente, le campagne di direct mail possono essere un modo efficace per estendere la tua portata ai clienti potenziali e rafforzare il rapporto con i clienti esistenti.

3. Affiggere volantini in luoghi strategici

> La pubblicità cartacea è ancora uno strumento potente per le aziende locali. Un metodo collaudato e vero per raggiungere i tuoi clienti locali è quello di affiggere i volantini in luoghi strategici.

I volantini dovrebbero essere collocati in aree ad alto traffico come uffici postali, supermercati e biblioteche pubbliche. Assicurati di includere un invito all'azione e le informazioni di contatto sul volantino, in modo che i potenziali clienti abbiano un modo semplice per saperne di più sulla tua attività. È anche una buona idea includere un coupon nel volantino, in modo da incoraggiare le persone ad agire.

In conclusione, la pubblicità sulla carta stampata è un modo efficace e potente per raggiungere il tuo pubblico locale. Sia che tu decida di fare pubblicità su giornali, riviste o direct mail, devi sempre assicurarti che il tuo messaggio sia chiaro e che ti rivolga al pubblico giusto. Sfruttando la pubblicità cartacea per la tua attività locale, puoi aumentare la notorietà del marchio e incrementare le vendite.

Conclusione

Le aziende locali devono assicurarsi di disporre di un'efficace strategia di lead generation per capitalizzare i potenziali clienti all'interno della propria comunità locale. La generazione di lead è uno strumento importante per le aziende di qualsiasi dimensione, poiché aiuta ad aumentare la visibilità di un'azienda e ad attrarre più clienti. Le aziende possono utilizzare una varietà di metodi per generare lead, tra cui content marketing, email marketing, pubblicità mirata e social media. Implementando una strategia di lead generation ben pianificata, le aziende possono attrarre e nutrire con successo lead per aumentare le vendite e le entrate.

Contatta l'autore

Email: emagumroad@gmail.com
Web: https://webmarketingzero.quora.com/

www.ingramcontent.com/pod-product-compliance
Lightning Source LLC
Chambersburg PA
CBHW031435210526
45464CB00005B/2207